最强**大脑**思维训练系列

优等生
必玩的
探案游戏
——关注细节变化

于 雷 编著

清华大学出版社

北京

内 容 简 介

如何提高一个人逻辑思维的严密性呢？阅读探案推理故事是一个非常简单而有效的办法。在阅读这些妙趣横生的推理故事的同时，你可以运筹帷幄、抽丝剥茧、去伪存真，最终获得洞察一切的能力。本书收编了 300 多个世界上十分经典且有趣的侦探推理游戏，在满足青少年旺盛的猎奇心理的同时，还能提高青少年的观察力、分析力和判断力。这些简短精彩的侦探推理游戏，可以激发青少年的探究欲望，拓展他们的思维空间，让青少年成为一个注重细节和逻辑的理性人。

本书较适合青少年及对侦探推理有兴趣的读者阅读。

图书在版编目（CIP）数据

优等生必玩的探案游戏：关注细节变化 /于雷编著.—北京：清华大学出版社，2021.3

（最强大脑思维训练系列）

ISBN 978-7-302-57359-3

Ⅰ. ①优…　Ⅱ. ①于…　Ⅲ. ①智力游戏－青少年读物　Ⅳ. ①G898.2

中国版本图书馆 CIP 数据核字(2021)第 016125 号

责任编辑：张龙卿
封面设计：范春燕
责任校对：袁　芳
责任印制：沈　露

出版发行：清华大学出版社
网　　址：http://www.tup.com.cn，http://www.wqbook.com
地　　址：北京清华大学学研大厦 A 座　　　　邮　　编：100084
社 总 机：010-62770175　　　　　　　　　　邮　　购：010-62786544
投稿与读者服务：010-62776969，c-service@tup.tsinghua.edu.cn
质量反馈：010-62772015，zhiliang@tup.tsinghua.edu.cn
印 装 者：北京嘉实印刷有限公司
经　　销：全国新华书店
开　　本：185mm×260mm　　　印　　张：11.5　　　字　　数：269 千字
版　　次：2021 年 5 月第 1 版　　　　　　　　印　　次：2021 年 5 月第 1 次印刷
定　　价：49.00 元

产品编号：090837-01

前　言

成为一名合格侦探的必备条件如下。

(1) 对任何小问题都持有好奇心。

(2) 能够随机应变,随时准备好应付外界的一切变化。

(3) 要熟知心理学,尤其是犯罪心理学。

(4) 要具备法医学、鉴识科学等知识基础。

(5) 敏锐的反射神经。若不能掌握住瞬间即逝的时机,犯人就逃走了。

(6) 与其会说话倒不如会听话,善于从别人的证词中发现线索。

(7) 即使是从未见过面的人,也能在第一次见面后就记住他的长相。

(8) 敏锐的观察力,能够勘测现场,寻找证据。

(9) 超强的推理能力,能将零碎的信息合理地拼接、组合成符合事实的过程。

(10) 不用主观的意见来判断事物,因为只有具备了证据的事实才是真实的。

你所具备的条件越多,就越适合做一名侦探!

一个人的智慧需要不断地培养,才会有所成就;一个人的思维能力需要不断地学习,才会提高。有科学家曾经说过:"逻辑思维能力强是智商高的表现,因为人的思维逻辑在很大程度上决定了一个人认识的深度和广度。"对学生来说,思维的逻辑性与其学习成绩有很大关系,因为它关系到我们的判断、推理以及综合分析的能力。因此,培养一个人的逻辑思维能力是促进其智慧发展的关键。

那如何才能提高我们的逻辑思维能力呢?阅读探案推理故事是一个非常简单而有效的方法。通过阅读,不仅可以享受阅读的乐趣,还能在这些非常有趣的故事中挑战思维极限,提高思维的灵活性、深刻性和逻辑性。有趣严密的逻辑推理故事能够充实人的心灵,改变人的行为方式和思考方法,使一个人从平庸中走出来,步入杰出人士的行列。

我们还可以扮演刑警和侦探的角色,在张弛有度的气氛中,面对一个个充满悬疑而又有趣的案件,一个个引人思考的问题,亲自体会发现线索的乐趣和揭开真相的快感。

本书的最大特色之一就是巧妙地设置了很多小问题,通过回答这些问题,关注细节,发现线索,充分运用自己的逻辑分析能力找到答案,无形中培养了我们思考问题的能力。

多思考，开发智力和大脑！

破奇案，挑战思维的极限！

善推理，成功终将属于你！

编著者

2021年1月

目　录

第一部分　唯一的真相

1. 有贼闯入

一天晚上,有个小偷闯入了侦探小五郎的家中,想要偷取他放在保险箱中的一份重要资料。小偷先用万能钥匙轻松地打开房门,然后打开灯,四处寻找保险箱的位置,终于在墙角一扇隐蔽的柜门后面发现了保险箱。正在他努力开保险箱的时候,突然听到有人开门的声音。小偷眼疾手快,关掉电灯,自己躲在了衣柜里,整个过程没有发出一点儿声音。

原来是小五郎回到了家中,小五郎打开灯,大声地说:"出来吧,我知道你在里面。"

小偷一看事情已经败露,只好快快地走了出来,不免好奇地问:"你是怎么知道我在里面的呢?我没有留下什么痕迹,也没有发出声响啊!"

"哈哈,是那个闹钟告诉我的!"说着他用手指了指床头柜上的一只闹钟,小偷这才恍然大悟。

请问,你知道那只闹钟是如何告诉小五郎有贼闯入的吗?

2. 开花的郁金香

一天夜里,怪盗潜入一珠宝展示厅,趁乱偷走了一条价值连城的钻石项链。得手之后,怪盗马上溜回了自己的住所,摘掉假发和胡须,换上睡衣,坐在沙发上。刚松了一口气,门铃就响了起来。

来人正是侦探小五郎。"晚上好,抱歉这么晚还来打扰你!"

"别客气,我们是老朋友了,进来坐。"怪盗热情地把这位不速之客引入屋内。

只见沙发前的茶几上放着一盆含苞待放的郁金香,"你的花好漂亮啊!"小五郎称赞道。

"谢谢,郁金香是我最喜欢的花。"怪盗说道。

"怪盗先生,刚才你去珠宝展示厅了吧!"小五郎岔开话题,开门见山地问道。

"没有啊。今晚我一直待在家里。你来之前,我一直都在沙发上安静地看书。"怪盗说着,指了指身边扣着的一本厚厚的书。

小五郎拿起书,翻了几页,放在茶几上。这时,他突然发现刚才进来时还含苞待放的郁金香,竟然不知不觉地开花了。

小五郎盯着盛开的花瓣,微笑着说:"别狡辩了,你还是招了吧。它已经出卖你了。快把你偷的钻石项链交出来吧!"

请问,小五郎是如何识破怪盗的谎言的呢?

3. 逃跑的凶手

某市发生了一起杀人案,警察在现场调查时发现一些可疑的血迹,它不属于被害人,可能是凶手在与被害人打斗的时候留下的。经过调查和走访,警察初步确定了犯罪嫌疑人正是一个有犯罪前科的中年男子。但当警方决定去抓捕的时候,却发现嫌疑人已经逃跑了,家里只剩下嫌疑人的妻子和一对儿女。警察向他们询问嫌疑人的下落,他们也没有任何有价值的线索。警察想先确定嫌疑人是否就是杀人凶手,然后再决定是否大力搜寻。

请问,有什么办法可以确认这一点呢?

4. 亲生子

美国有一个亿万富翁,他年事已高,弥留之际,他想找到自己失踪多年的儿子继承自己的遗产。这时有人称自己是富翁的儿子,警察询问此人的血型,回答是 B 型。已知富翁和他的妻子都是 A 型血。

请问,这个男子可能是富翁的亲生儿子吗?

5. 怪盗的指纹

怪盗从阳台钻进公寓的 208 室,盗走了主人的钻石项链。经过警察的现场勘查,发现了一枚清晰的指纹。从案发时间推断,嫌疑人一定是公寓的住客。可是警察提取了这栋公寓所有住客的指纹,却没有一个和现场留下的指纹吻合的。无意中,一名警察在管理员的屋子里发现了什么:"原来罪犯在这儿! 只有他的指纹忘记取了。"

那么,你知道怪盗是什么人吗?

6. 致命的位置

一天, 120 接到电话称,一名女子被刺伤,生命垂危。因为是刑事案件,警察很快赶到了医院。只见一名年轻女子被刺伤,她的左胸前心脏的位置插着一把尖刀,流了很多血。按理说,这个位置被刺伤早就应该死掉了,可这名女子除了有些虚弱外,伤势似乎并不是很严重。

医生解释道:"这是因为这名女子比较特殊,否则早就没命了。"

你知道这名女子为什么没有死吗?

7. 两种血型

一天晚上,一名年轻男子在过马路的时候不小心被车撞倒,肇事司机惊慌失措,逃离了现场。由于没有得到及时的救治,被撞的男子不久后就死了。对这起恶性交通事故,警察赶往现场调查。在现场,警察除了发现一具尸体外,还检验出两种血型。一种是 A 型,另一种是 O 型。难道是肇事司机的? 或者撞到的不止一人? 但据目击者称,司机根本没有受伤,甚至都没有下车,而被撞的人也确实只有一人!

这到底是怎么回事呢? 难道一个人会有两种不同的血型吗? 这可能吗?

8．辨别方向

一名年轻的女地质队员在一片荒野中迷路了,这是一片茂密的草原,上面有一些纵横交错的羊肠小道。马上要下雨了,天空阴云密布。她只有一张地图,但是根本无法辨别方向,不知道该往哪个方向走。突然,她发现前方有个积满雨水的小水坑,她笑了笑,立即取下自己头上的一只小别针。

很快,她就清楚了东南西北,走出了这片荒野。

你知道她是如何做到的吗?

9．奇怪的火灾

一位花草爱好者在自家的院子里建了一个塑料大棚专门培植各种珍稀花草。在一个晴朗的冬天中午,大棚里突然发生了火灾,这些珍稀花草被付之一炬。

从火灾现场来看,是大棚内的枯草引起的火灾,可是里面又没有火源,枯草是怎么燃烧起来的呢? 难道是有人纵火? 昨晚刚下过一场雨,外面湿漉漉的,如果有人进入大棚,应该会留下脚印才对,可周围一点痕迹都没有。

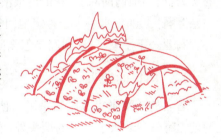

你知道这场火灾究竟是怎么引起的吗?

10．爆炸声

一艘豪华客轮在太平洋上航行,不幸触礁沉没,造成多人死亡,警察前来调查事件经过。一位幸存者向警察讲述说:"轮船触礁后开始慢慢倾斜,我们随即登上一艘救生艇离开现场,开往安全区域。大概过了四十分钟,突然'轰'的一声发生了爆炸,远远地可以看到客轮开始沉没。"

之后,警察询问了好几位救生艇上的幸存者,他们对事件的描述都差不多,听到一声爆炸声后,轮船开始沉没。

就在警察决定结束调查时,另外一位逃生的游客说了一番与众不同的话:"轮船触礁后,开始倾斜。我看救生艇比较小,而自己又善于游泳,便没有登上救生艇,而是一个人跳入水中游向安全区域。我一会仰泳,一会俯泳,大概用了四十分钟的时间,突然听到一声爆炸声。我赶紧钻出水面回头向轮船看去,没过几秒钟,又发生了一次爆炸……"

"你确定你听到了两声爆炸声?"警察颇为怀疑地问。

"是的,我确定。那么大的声音,我相信其他人也应该听得到的。"游客如是说道。

请问,到底发生了几次爆炸呢? 为什么有人听到一声爆炸声,又有人听到两声爆炸声呢?

11．消失的新郎

汤姆和莉亚一见钟情，才认识不到一个星期，便闪电般地结了婚。莉亚接受了汤姆的建议，决定乘坐最近一班豪华游轮去度蜜月。两人登上游轮，两名身穿制服的水手热情地接待了莉亚。汤姆似乎乘坐过这艘游轮，对船上的地形比较熟悉，他分开混杂的人群，带着莉亚来到一间标有 A37 的客舱，并安顿下来。很快，船就驶出了码头。

"船上人员比较复杂，如果你带了什么贵重物品的话，最好还是寄存到事务长那里比较好。"汤姆向莉亚建议道。

"带了 2 万美元，我的全部家当。"说完，莉亚将装有美金的手提箱交给了汤姆，请他去事务长那里寄存。

等了好久也不见丈夫汤姆回来，莉亚只好出去寻找。可是找了半天依然没有找到，而且自己还迷路了，连自己的房间都找不到了，莉亚只好询问侍者。

"A37 号房？你确认你没有记错？我们这里最大到 30 号，从来没有 A37 号啊！"侍者回答道。接着，侍者又查看了接待簿，上面登记的是 A23 号房，而且只有她一个人的名字。又询问了事务长，也没有寄存 2 万美元的记录。

"咦！我的丈夫哪里去了？"莉亚又想起了上船时接待自己的水手，他们应该记得自己的丈夫，便向他们询问。"我记得很清楚，您是我们最后一名乘客，上船的时候你身边没有其他乘客啊！"两位水手十分肯定地回答道。

莉亚一下子蒙了，这到底是怎么回事？新郎怎么就消失了呢？

12．门口的烟头

著名的美女画家苏珊被杀了。侦探小五郎赶到现场调查，发现现场除了在画家家门口的地上有一只才吸了几口的烟头外，没有其他任何线索。

法医鉴定，死亡时间大概是前一天晚上 10 点到 12 点，而这个时间可能的作案者只有两人。一个是被害者的情人，他与被害者关系密切，可最近不知为何经常争吵；另一个是一位推销员，他喜欢死者，追求多次却遭到死者的拒绝。

而且两人都吸这个牌子的香烟，看来只能将烟头带回去验一下 DNA 了。

小五郎突然眼睛一亮，对众人说："凶手一定是那个推销员！"

你知道他是如何推断出来的吗？

13．隐藏的证据

冬天的夜里，一个小偷潜入一位富翁家中盗走了大量财物。当天夜里下起了今年的第一场雪，一直下到了后半夜，路上积了厚厚一层雪，掩盖了所有的证据。

第二天一早，富翁醒来后发现家中被盗，立即报了警。警察经过调查，发现附近一名单身男子有重大嫌疑，于是到男子家中调查。

"昨天晚上 8 点到 10 点的时候，你在干什么？"警察盘问道。

"我这几天去外地出差了，今天早上才回来的。"男子答道。

警察看了看男子房屋窗台上的几道冰溜子，厉声喝道："你在撒谎，快交代你把赃物藏在哪里了！"

请问,警察是怎么知道男子撒谎的呢?

14. 奇怪的委托人

一天,警长在另外一座城市遇到了一位认识的侦探,两人攀谈起来:"事务所的工作不忙吗? 还有时间出来旅游?"侦探挠挠脑袋说:"我现在就在工作啊! 前几天刚接到一个奇怪的委托,让我跟踪一位女孩子,只需记录她每天的行踪即可,却给了我一笔不菲的酬金。而在我跟踪这个女孩子的时候,发现她来到这座城市旅游,每天不是观光,就是逛街,再正常不过了。"

"这么奇怪,那委托人想让你调查她什么呢?"警长问道。

"是啊! 我也觉得奇怪,所以我就和那个女孩子攀谈起来,她告诉我说是一个男子给她钱,让她出来旅游的。而且那个免费赞助她旅游的男子竟然与我的委托人是同一个人! 这让我很费解。"侦探说道。

"亏你还是侦探呢,这点小伎俩你都没有识破!"警长一听大笑起来。

侦探似乎也想到了什么,连忙起身准备离去:"哦,糟了。我得走了,改天再请你喝咖啡吧。"

你知道这位委托人的真正目的是什么吗?

15. 作家之死

迈克是一位恐怖小说作家。一天早上,有人发现他死在了自己的书房里,他面目惊恐,死于心脏停搏。桌上有半截蜡烛和一叠他写的恐怖小说,内容非常恐怖。警方推测可能是他太沉迷于小说情节,精神过度紧张,以致心脏停搏而死。死亡时间大概在前天晚上12点。

警长指着那半截蜡烛问道:"昨天这里停电了吗?"有知情人回答说:"那是作家的写作习惯,他写作时不喜欢点灯,而是喜欢在烛光下写恐怖小说,他觉得那样更有氛围,更有创作灵感。"

警长若有所思,然后一口断定:"这不是意外死亡,是凶手用什么特殊手法让其心脏停搏,而伪装成意外死亡的样子!"

你知道警长是根据什么断定的吗?

16. 林肯揭穿伪证人

亚伯拉罕·林肯是美国第十六位总统,他在就任总统前,曾经当过律师,接手过著名的阿姆斯特朗案件。

阿姆斯特朗是林肯的一位已故好友的儿子,为人正直善良,但却被诬陷为谋财害命的罪犯。全案的关键在于原告方面的证人福尔逊,他在法庭上发誓说,10 月 18 日晚,他在草堆后面,在明亮的月光下,清清楚楚地看见阿姆斯特朗躲在大树后面向被害人开枪射击,打死了被害者。

林肯坚信阿姆斯特朗是个无辜者,他在查阅了有关档案后,又实地考察了被害者遇难的现场,然后以被告律师的身份要求法庭开庭复审。

在法庭上，林肯问福尔逊："你在草堆后面看见阿姆斯特朗，从草堆到大树有二三十米，你不会看错吧？"

福尔逊毫不犹豫地回答道："不会错，因为月光很亮。"

林肯又问："你能肯定不是从衣着方面认清的吗？"

福尔逊说："肯定不是。当时，月光正照在他的脸上，我清清楚楚地认出了他的那张脸。"

林肯追问道："你能肯定时间是在晚上11点钟吗？"

福尔逊耸耸双肩，答道："毫无疑问。因为我当即回屋看了看钟，那时正是11：15。"

林肯最后问道："你能担保你说的全是事实吗？"

"我可以发誓！"福尔逊面对林肯和众多的听众，神情有些激动，"我说的全是事实！"

林肯向四周看了看，然后以不容置疑的口吻，郑重地宣布道："尊敬的陪审员，女士们，先生们，我不得不向大家宣布一个事实：这位证人福尔逊先生是一个地地道道的大骗子！"

法庭内顿时骚乱起来。

"肃静！肃静！"法官威严地喝道。

原告气愤地质问林肯："请律师先生回答，你有什么证据指责我的证人是骗子？"

林肯微微一笑，不慌不忙地说出了自己的理由。

你知道福尔逊的破绽在哪里吗？

17．惨案发生在什么时间

一天夜里，邻居听到一声惨烈的尖叫。早上醒来，发现原来昨晚的尖叫是受害者的最后一声。负责调查的警察向邻居们了解案件发生的确切时间。一位邻居说是12：08，另一位老太太说是11：40，对面杂货店的老板说他清楚地记得是12：15，还有一位绅士说是11：53。但这四个人的表都不准确，在这些手表里，一个慢25分钟，一个快10分钟，还有一个快3分钟，最后一个慢12分钟。

你能帮警察确定作案时间吗？

18．通缉犯的公告

某地区的警察张贴了一张一年前发生的抢劫案通缉犯的公告，上面有通缉犯的照片，以及身高、年龄等资料。有一个人看了看公告，却说："这里面有一个信息是错误的。"这个人完全不认识这个通缉犯，但是他怎么知道有一个信息是错误的呢？这个错误信息又是什么呢？

19．奇怪的陌生人

一场混乱的枪战之后，某社区诊所中冲进来一个年轻人。他对医生说："我刚才过马路的时候，碰见了两个警察在追一个逃犯，我也想帮帮忙，但是那个逃犯好厉害，两个警察都被他杀死了，我也受了伤。"医生检查完伤口，说："幸好伤口不深。"于是从他背部取出了一粒弹头，并拿出一件病号服让他穿上，然后又将他的右臂用绷带绑在胸前。

这时，一名警察和一个陌生人跑了进来，陌生人喊道："就是他！"警察拔出枪对准了年轻人。年轻人忙说："我是帮你们追捕逃犯的。"陌生人说："你背部中弹，说明你就是逃犯，还想抵赖！"这时，在一旁观察了很久的医生说："这个年轻人不是逃犯。"

　　那么谁是真正的逃犯呢？

20．两个嫌疑人

　　葛顿探长上门去拜访黛妮，他按了一下门铃，没有人理会。

　　黛妮的门上装的是自动锁，一旦装上，除非有钥匙，否则外面人是根本进不去的。葛顿感到奇怪，便请管理员把门打开。他进去一看，只见黛妮穿着睡衣，胸部被人刺了一刀，死在了地上。经推测，死亡时间大约是昨晚9点。

　　经调查，昨晚9点前后有两个人来找过黛妮小姐，一个是她的情人，另一个是她的学生，这个学生是当地的流氓。在讯问这两个可疑分子时，他们都说自己按了门铃，见里面没人答应，以为黛妮不在家，都没有进去。

　　听了他们的诉说，葛顿想起黛妮小姐的房门上有个小小的窥视窗，于是他立刻认出了谁是真正的凶手。

21．两万英镑

　　上午9点20分，米西尔刚走进办公室，电话铃便响个不停。他拿起话筒，"约翰、约翰……"话筒里传来妻子狄娜的抽泣声。这时，话筒里又传出一个男子故意变调的声音："米西尔，要是你不想伤害你太太的话，就拿出两万英镑。10点15分，有个叫威克思的人来找你，把钱交给他，就没你的事了。否则，你的妻子……"说到这里，"咔嚓"一声，电话挂断了。

　　妻子的抽泣声一直萦绕在米西尔的耳边，好像鞭子抽打着他。他忙离开办公室，走进一家百货商店，买了一只蓝色的小皮箱，然后去银行取出两万英镑，回到了办公室。到了10点15分，一个男子走进办公室，两只像狼一样的眼睛凶狠地盯住米西尔，说："我叫威克思，快把钱给我！""我的妻子？"米西尔试探地询问道。"她活着，你想报告警察也可以，不过那样的话，"说到这里，威克思眼露杀机，逼视着米西尔，"你的妻子就没命了！"

　　威克思一离开，米西尔便往家里挂电话，可是怎么拨也打不通。"妻子会不会……"他急疯了，横下心向警察局报了案。随后冲下楼，坐上汽车，火速开往家里。当他好不容易赶到家中的时候，惊魂未定的狄娜平安无事，正与赶来的警官在交谈。

　　"哦，米西尔先生，您太太已把事情经过全告诉我了，什么一个男人和一个您给那人的那只装钱的蓝色皮箱，但她怎么也讲不清。现在请您详细讲一讲，到您办公室去的那个男子的外貌特征，以及您给他的那只装钱的皮箱是什么样子？"米西尔忙把事情的经过从头至尾、原原本本地叙述了一遍。

　　半夜三更，夜深人静，米西尔和妻子狄娜一边喝酒，一边亲切地交谈着。喝着、说着，突然米西尔"呼"地从椅子上弹了起来，给警察局打电话。"约翰，怎么啦，你发现了什么新线索？"狄娜问道。米西尔的脸变得铁青，说："是的，我请他们来审问你！"狄娜大吃一惊："我？亲爱的，你喝多了！""别演戏了！我现在非常清醒，你和那个叫威克思的家伙串通一气来敲诈我。"米西尔怒不可遏地叫道。

果然，在警官的审问下，狄娜只好交代了实情。

请问，米西尔是如何知道实情的呢？

22．丢失的凶器

一个漆黑的夜晚，警长木村正骑着自行车沿着河边的路巡逻。突然，从下游大约100米处的桥上传来一声枪响，木村马上蹬车朝桥上飞奔而去。他一上桥便看见桥当中躺着一个女人，旁边还有一个男人，那个男人见有人来拔腿便逃。与此同时，木村听到"扑通"一声，像是什么东西掉进了河里。

木村骑车追上去，用车撞倒那个男人，给他戴上了手铐，又折回躺在桥上的女人身旁。这时他发现女人左胸中了一枪，已经死了。

"这个女的是谁？"

"不知道，我一上桥就见一个女的躺在那儿，吓了我一跳，一定是凶手从河对岸开的枪。"

"撒谎！她是在近距离内被打中的，左胸部还有火药黑色的焦煳痕迹，这就是证据。枪响时只有你在桥上，你就是凶手。"

"哼，你要是怀疑就搜身好了，看我带没带枪。"男人争辩着。

木村搜了他的身，没有发现手枪。桥上及尸体旁也没有发现手枪。这是座吊桥，长30米，宽5米，罪犯在短时间内是无法将凶器藏到其他什么地方的。

"那是扔到河里了吗？方才我听到了水声。"

"那是我在逃跑时木屐的带子断了没法跑，就将它扔到河里了，不信你瞧！"那男的抬起左脚笑着说。

果真左脚是光着的，只有右脚穿着木屐。

无奈，木村只好先将他作为嫌疑犯带进附近的警察局，用电话向总署通报了情况。

刑警立即赶来对现场进行了勘查取证，并于翌日清晨，以桥为中心，在河的上游和下游各100米的范围内进行了搜查。

河深1.5米左右，流速也并不那么快，所以枪若扔到了河里，流不多远就会沉到河底的。然而，尽管连电动探测器都用上了，将搜查范围的河底也彻底地找了一遍，但始终未发现手枪的踪迹。

然而石蜡测验结果表明，被当成嫌疑犯的男人确实使用过手枪。他的右手沾有火药的微粒，是手枪射击后火药的渣滓变成细小的颗粒沾在手上的。另外，据尸体内取出的弹头推定，凶器是双口径的小型手枪。

那么，凶手在桥上射死了女子后，究竟将手枪藏到哪里去了呢？

23．谁是小偷

一天，李经理从北京出发去广州办事。他乘坐的卧铺车厢里的其他三人分别去往郑州、长沙和武汉。

列车运行到石家庄站的时候，停车15分钟，四人均离开了自己的铺位。在列车重新启动前,李经理回到铺位,却发现自己的手提包不见了。他急忙去报告乘警,乘警调查了其他三位乘客。

去郑州的乘客说,停车时他下去买了些早点;去长沙的乘客说,他到车上的厕所方便去了;去武汉的乘客说,他去另一车厢看望同行的朋友了。听完他们的叙述,乘警认定去长沙的人偷了李经理的提包。

你知道为什么吗?

24．职业小偷

小李是一个从未失过手的职业小偷,某一天,他溜到公交车上作案。他先偷了一位西装革履的男子的钱包,等他下车后又接连偷了一位中年女子和一位白发苍苍的老太太的钱包。他兴高采烈地下了车,躲进角落里清点刚才的战果,突然发现三个钱包里总共不过600元,接着他又叫骂起来,原来他自己的钱包也遭非命,那里面装着5000多元啊!不过最让他生气的是,居然被人戏弄了一把,那个偷他钱包的人还在他的口袋里塞了一张纸条,上面写着:"让你尝尝我的厉害,也不看看你偷的是谁!"大家猜猜看,那三个人中,究竟是谁偷了小李的钱包呢?

25．隐藏的嫌犯

一个冬天的深夜,侦探阿飞在路上走着,突然发现一个人影从一家珠宝店里窜了出来,紧接着后面追出两个人,一边追一边喊:"抢劫了!"阿飞也朝着黑影追了过去。

追了好长一段路,只见黑影钻进了一个地铁站,阿飞气喘吁吁地跟着跑了进去。发现里面只有7个人,体型和刚才的罪犯都比较相近。

其中有两个人像是夫妻,正在争吵着什么;第三个人一边等车一边看书;第四个人头上盖着一张报纸躺在椅子上休息;第五个人坐在座位上冻得发抖,并不停地搓手;第六个人在一个角落里原地跑步取暖;第七个人则望着地铁来的方向,焦急地等着。

地铁没有别的出口,那么哪个人会是抢劫犯呢?

26．洗牌的手法

有一天,豆子和小羽在看电视上的一个魔术节目。

节目里的魔术师邀请了5位现场观众上来参与表演:他先让观众检查他手上的牌有没有问题,然后请观众在52张扑克牌中任选25张。接着,魔术师将这25张牌分成5组,要5位观众各选一组,再从各自选择的那组中选出一张"记在心里",不可以跟任何人讲,没有人知道观众心里记得是什么牌,当然,魔术师也不知道。

这时候,魔术师将25张牌收回来,然后开始洗牌,只见其手法利落,纸牌如飞般地重新编组,然后他又将牌分成5组,先拿出第一组的5张,问5位观众,是否这5张中有他们心中的牌,并告诉他们:若有则点头,但不要说出是哪一张;若无则摇头。

第一组牌问完后又问第二组牌,以此类推。

在5组牌全部确认完毕之后,魔术师从手中的牌里抽出5张,在5位观众面前分别放一张牌,然后问观众,是否这张牌就是他们心中记住的牌。当然,结果就是他们心中记住的牌。

电视机旁的小羽拼命鼓掌。

"这不过是巧用数学罢了。"在一旁沉思已久的豆子兴奋地说,"如果我有他的洗牌技术,我也可以表演这个魔术。"

请问,豆子说的是真的吗?

27．吓人的古墓

一位考古专家在荒凉的深山中发现了一座神秘的古墓,通过考证他确认里面埋葬着一位一千多年前的富可敌国的王侯,陪葬他的物品毫无疑问会价值连城。坟墓的通道里设有重重精巧的机关,稍不留神就会葬身于此。

那位考古专家费尽千辛万苦终于拆除了所有机关。然而,当他推开坟墓的门时,眼前的景象却吓得他魂飞魄散:在棺木的上方吊着很多熄灭的灯,有一盏竟然还燃烧着,并且投射出幽幽的光芒。这位经验丰富的考古专家从来没有见过能燃烧一千多年的灯,惊骇之余转身便逃,再也不敢回到墓中。

仅仅几天之后,另外几位考古家得知消息,也赶到了这里,却没发现那盏燃烧的灯,他们顺利地取出了文物。

你知道这是怎么回事吗?

28．习惯标准

晚饭后,母亲和女儿一块儿洗碗盘,父亲和儿子在客厅看电视。

突然,厨房里传来打破盘子的响声,然后一片沉寂。

儿子望着他父亲,说道:"一定是妈妈打破的。"

父亲:"你怎么知道?"

你知道儿子是怎么知道的吗?

29．破绽在哪儿

李四是个收藏家,家里收藏了许多价值连城的字画古玩。一天,李四要出远门,就拜托邻居帮助照看一下家里。当天夜里,邻居就报警说有人把李四的家洗劫一空。警察来到案发现场,发现李四的屋子里有翻动过的痕迹,还丢失了几个非常值钱的艺术品。邻居录口供时介绍了当时的情景:"我受李四的委托帮他照看屋子,突然从他家窗户发现他家里有光亮,就赶紧跑过去看。当时外面下着雪,窗户上结了一层冰,我赶忙呼了几口热气把冰融化,才看到屋子里有个黑影在翻找东西,于是我就冲过去阻拦,没想到还是让他逃跑了……"

警察打断他的话,说:"其实一切都是你一个人做的,对不对?"

你知道邻居的破绽在哪儿吗?

30．有经验的警察

张先生一家人出去旅游,回来的时候发现家中被盗。现场所有柜子和桌子的竖排抽屉都是开着的,值钱的东西全部被偷走了。一个很有经验的警察查看了一下现场后,便说这个小偷一定是个惯偷!

你知道警察为什么这么说吗?

31．画窃贼

一天下午,小明肚子痛提前回家了。家里只有他一个人,休息了一会感觉好些了。正在这时,他听到门外有响动。透过猫眼一看,是一个陌生男子,正在撬他家的门。小明很害怕,忙躲在了床下。

不一会儿,男子进了屋,偷走了一些财物后离开了。

这时,小明才敢爬出来,并报了警。

警察问小明是否记得窃贼长相,小明说从猫眼里看到了,并画了出来。

过了不久,警察就抓到了窃贼,可是怎么和小明画的不一样呢? 这是为什么?

32．露出马脚

怪盗基德打听到海边有个独栋别墅的富翁主人去度假了,要一个月后才回来,所以他就打算去富翁的别墅"参观参观"。这天夜里外面下起了大雪,基德偷偷潜入富翁的别墅,撬开房门走进屋里。他没有开灯,怕引起巡警的注意,直接跑到富翁的床上美美地睡了一觉。第二天早上醒来,肚子有点儿饿,他打开冰箱发现里面有很多好吃的,就拿出了一只火鸡,点燃壁炉,一边取暖一边烤火鸡,可没过多久就听见门铃响了,原来是两个巡警。

你知道基德为什么引起了巡警的注意吗?

33．诈骗

一天夜里,大侦探福尔摩斯办完事开车回家。在一个路口,遇到一名年轻女子挥手想搭车,福尔摩斯就让她上来了。车向前开了没多远,后面有辆车跟了上来,亮起刺眼的前灯。

女子回头看了一下,马上惊慌失措地对福尔摩斯说:"不好了,那是我丈夫,他是个亡命之徒,知道你载着我肯定以为咱俩有私情,会杀了我们的。"

"是吗? 那我们怎么办?"福尔摩斯假装害怕地说道。

"他见钱眼开,你给他点儿钱就可以了。"

"我看得给你一副手铐! 你们用这种方式骗了不少钱了吧?"

福尔摩斯是怎么识破他们的呢?

34．谜团

有一位很厉害的律师,喜欢帮人打离婚官司,每次都会站在女方一边,尽可能多地为她们争取赡养费,所以有很多打算离婚的女子找这位律师帮忙。

一次,这位律师自己也要离婚,律师一如既往地站在了女方一边,为妻子争得了巨额赡养费。

你知道这是为什么吗？

35．潮涨潮落

"五一"期间，皮皮一家去海边游玩。他第一次看到海，充满了好奇，特别是到涨潮落潮时，简直看得入了迷。他很想知道，涨潮时每小时海水上涨了多少。于是，他想了一个办法，在大游轮的船舷边上放下一条绳子，绳子上系有 10 个红色的手帕，每两个相邻的手帕相隔 20 厘米，绳子的下端还特地系了一根铁棒。放下时，最下面的一个手帕正好接触到水面。

涨潮了，皮皮赶紧跑去看绳子上的手帕，并带上表计时。

他能测出潮水每小时涨多少厘米吗？

36．鉴别逃犯的血迹

事情发生在美国加州奥克兰市。一天下午，在当地两名警察的协助下，探长西科尔和助手丹顿小姐在森林公路中段截获了一辆走私微型冲锋枪的卡车。经过一场激烈的搏斗，4 名黑社会成员有三名当场被擒获，而此次走私军火的首犯巴尔肯被丹顿小姐的手枪击中左腿肚后逃入密林深处。西科尔探长立即命令两位地方警察押送被擒罪犯前往市警署，自己带领助手深入密林追捕首犯巴尔肯。

进入密林后，两人沿着点点血迹仔细搜捕。突然，从不远处传来一声沉闷的猎枪射击声和一阵忽隐忽现的动物奔跑声。看来，这只动物已经受了伤。果然，当西科尔和丹顿小姐持枪追赶到一块较宽敞的三岔路口时，一行血迹竟变成了两行近似交叉的血迹左右分道而去。显然，逃犯和动物不在同一道上逃命。

怎么办？哪一行是逃犯的血迹呢？丹顿小姐看着，有些懊丧起来。但探长西科尔却用一个简单的方法，便鉴别出了逃犯血迹的去向，最终将其擒获。

请问，西科尔探长用何方法鉴别出逃犯的血迹？

37．盲人的"眼睛"

维特是一名著名的盲人音乐家，有很多人找他进行演出，因此赚了不少钱。他住在纽约郊区一个富人别墅中。一天晚上，维特正在卧室休息，就听见外面客厅中有动静。他想肯定是小偷，于是拿出抽屉里防身用的手枪走出了卧室。小偷知道维特是个盲人，听力一定特别好，就马上停下来不动，想逃过一劫。没想到"乒"的一声枪响，小偷还是被维特打中了右腿，趴在大座钟上无法动弹。

小偷没有制造任何声响，盲人维特是怎么击中小偷的呢？

38．疏忽

张三和李四是好朋友，一天夜晚，张三在李四家喝酒，由于太晚了，就打算住在李四家中。可是在洗澡的时候,李四突然心脏病发作,死在了浴缸里。张三不敢报警,怕警方怀疑,就在第二天早上天刚亮的时候偷偷地把李四运到他自己住的单身公寓里。同样,依然放在浴缸里,放满温水,并把他的衣服鞋子之类的东西放在相应的地方,最后消除自己的痕迹悄悄离开了。

当天下午,李四的尸体被同事发现了,并报了警。法医鉴定后说:"死因是心脏病突发,自然死亡。死亡时间是昨晚 11 点左右。"

警察环视四周,沉思片刻后说:"这个浴室不是第一现场,应该是谁怕麻烦后运到这里来的。"

张三疏忽了什么使警察能够确定这不是第一现场呢?

39. 吹牛

张三和朋友吹牛说:"有一次,我和朋友去非洲旅行时和朋友打赌,蒙着眼睛在一条只有 1 米宽,两边都是悬崖的小路上走 100 米。结果我一点儿都不慌张,一步步走完取得了胜利。"朋友笑笑说:"少吹牛了,那有什么难的,连小孩子都能做到!"

你知道朋友为什么这么说吗?

40. 巧识网友

张三乘飞机去另一座城市会见自己从未谋面的网友李四,下了飞机,他就拉着自己超大的行李箱往外走。在门口习惯性地左右张望了一番后,他突然想起来自己只知道李四的名字而不知道他长什么样子,于是准备拿出手机与对方联系。这时,旁边一个年轻人热情地拥抱了一下他,原来他正是李四。

张三有些奇怪,为什么自己认不出李四,李四却可以这么肯定自己就是张三呢?

41. 谁是罪犯

在市中心最繁华的地方新开业了一家珠宝公司,突然闯进来一名男子,抢起锤子一敲,珠宝展柜的玻璃哗啦一声就碎了。没等店员反应过来,男子趁乱抢走了大量珠宝首饰,逃之夭夭。

警方赶到现场后,发现这些展柜所用的玻璃都是防盗玻璃。这种玻璃别说用锤子,就是用枪都打不碎。

这是怎么回事呢?劫匪到底是谁?

42. 有趣的考试

一所学校开了一门逻辑课,期末的时候,教授想了一个有趣的考试来检测学生们的学习情况。他找了红、黄、蓝三个盒子,在其中一个盒子中放了一张红纸,然后在每个盒子上写了一句话。他把所有的学生叫过来,只要推理出哪个是红纸所在的盒子,就算他通过这门课的期末考试了。

三个盒子上的话如下。

红盒子：红纸在这只盒子里。

黄盒子：红纸不在这只盒子里。

蓝盒子：红纸不在红盒子里。

教授告诉学生，这三个陈述中最多只有一句是真话。

请问，学生该选哪只盒子呢？

43．识破小偷

一对新婚夫妇在某市郊外买了一套房子，一层共有三户人家。一天，这对夫妇正在看电视，突然听见有人敲门，妻子打开门一看，是一个陌生男子。男子一看到她便说："对不起，对不起，我走错门了，我还以为是我的房间呢。"然后转身走了。这对夫妇回到房间一考虑，便确定那个男子是个小偷。他们马上报告了小区的保安，保安很快就将男子抓获了。后来经警方查证，该名男子果然是个惯偷。这对夫妇是如何知道陌生男子就是小偷的呢？

44．老练的警长

7月14日中午，巴黎四方旅馆住进了4位单身旅客。他们是：从耶路撒冷来的斯坦纳先生，经营水果生意；从伦敦来的勃兰克先生，行踪有些诡秘；从科隆来的企业家比尔曼，他是来同跨国公司洽谈一笔生意的；从里斯本来的曼纽尔，身份不明。

7月16日上午，电影明星格兰特小姐发现金银珠宝不翼而飞。警方经过调查，确信盗窃犯就在这4位旅客当中。于是，警方询问旅馆经理这三天4位旅客的活动情况。经理回忆道："斯坦纳每天总是要两张希伯来语报纸，坐在大厅门口，用一个放大镜从头读到尾；勃兰克每天上午10点左右离开旅馆，下午5点左右回旅馆，一架照相机总不离身；比尔曼总是在床上吃早饭，一个鸡蛋和一些鱼子酱，起床后总是在服务台最忙的时候来拿他的信件；曼纽尔是个左撇子，会讲六种语言。"

警方根据经理提供的线索，决定传讯这4位单身旅客。不料，勃兰克和曼纽尔都离开了旅馆，比尔曼也不知去向，只有斯坦纳仍坐在大厅门口看报纸，把放大镜从左到右一行一行往下移。老练的警长看着看着，突然眼睛一亮，立即招呼几个警察走上前去，给斯坦纳戴上了手铐。经审讯，斯坦纳对自己的盗窃行为供认不讳。

斯坦纳是在什么地方露出了破绽？

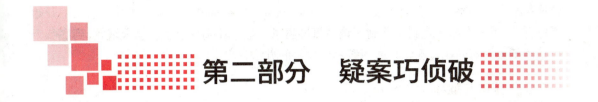

45．识破谎言

史蒂芬的公司经营不善，生意惨淡，快到了关门的地步。这天中午，有人发现史蒂芬的公司突然冒起了黑烟，不久火越烧越旺，把整个公司都烧毁了，幸好没有人员伤亡。火灾过后，保险公司来人调查起火原因。史蒂芬说："今天中午，我正在办公室处理公务，突然电灯闪了两下，然后电线就冒起了火花，引燃了我桌上的文件。我连忙用水把文件和电线上的火浇灭，然后跑了出来，打算去找修理工。哪知道等我回来，整个公司都已经烧着了。一定是那些电线老化年久失修，在我离开以后又一次起了火。"

调查人员说："你确定你离开的时候用水扑灭了文件和电线上的火花？"

"是的，我确定。"史蒂芬回答道。

"对不起，史蒂芬先生，这场火灾属于你人为纵火，不在我们的赔偿范围之内。"保险公司的调查人员说。

请问，调查人员为什么说这场火灾属于人为纵火呢？

46．轮胎的痕迹

轮胎的痕迹就和我们人的脚印一样，有的时候可以帮助我们破案。一天，警察找到陈先生："门口停的那辆红色的车是你的吧？"

"是啊，怎么了？"陈先生问道。

"我们在一个犯罪现场发现了和你的轮胎一样的痕迹，特意过来调查一下。"警察回答说。

"什么时候的事情？我的车从上周末开始到现在已经 3 天没开了。"陈先生疑惑地回答。

"那你有没有借给别人，或者车钥匙有没有丢失过呢？"警察问。

"没有，我的车就停在门口，通过窗子我可以看到车顶，它确实 3 天都在门口。另外我有个习惯，每次用完车都会记下里程表，上次的记录是 28000 公里整。"说着带警察去看了下里程表，确实还是 28000 公里。

这到底是怎么回事呢？陈先生的车没有动过，为什么会在别处的案发现场出现痕迹呢？

47．藏木于林

一天清晨，警察就接到报警电话称，一名形迹可疑的男子将偷来的钻石藏在饭店的一个玫瑰花盆中。警察马上出动,但还是晚了一步,该男子已经抱着花盆离开了。警察马上开始追踪,在附近一个露天花圃中找到了该名可疑男子。这个花圃中有上百盆玫瑰花,到底哪个才是男子藏钻石的花盆呢?你能帮警察用最快的方法找出来吗?

48．怪盗的纰漏

夏季的一个夜晚,一名间谍偷偷潜入某政府高官家的院子里伺机作案。高官一直在书房里工作,灯光引来了很多蚊子,咬得间谍心烦意乱,不停地挥手赶蚊子,偶尔还捏死几只。

到了晚上11点,高官终于熄灯回到卧室睡觉了。间谍偷偷溜进书房,用相机偷拍了高官整理好的机密文件,然后悄悄地离开了。

第二天,警察就找到了间谍,"昨天潜入高官家偷拍机密文件的是你吧,看来你要跟我们走一趟了。"警察开门见山地说。

"没有的事,你们有证据吗?"间谍坚信自己已经把潜入书房的所有痕迹都清除掉了。

你知道间谍的纰漏在哪里吗?他到底犯了什么错误呢?

49．消失的字迹

张三和李四是生意伙伴,一次两人合作做一笔生意,张三带的钱不够,便向李四借了20万元。由于没有找到合适的稿纸,张三便拿出了一张自己的名片,用自己的钢笔写下了"张三从李四处借款人民币贰拾万元整"的字样,并签上了自己的名字和日期。过了一段时间,到了约定还钱的日子,张三却迟迟不还钱。李四就找张三来要,张三耍赖说:"我向你借过钱吗?我怎么不记得呢?你有凭据吗?"

李四马上找出张三写有字据的名片,可是奇怪的是,上面竟然一个字都没有。

你知道张三是如何做到的吗?

50．巧辩冤案

唐朝李靖担任岐州刺史的时候,被人诬告谋反。唐高祖李渊派御史大夫刘成连同告状者一起前去审理此案。刘成与李靖素有私交,也了解他的为人,知道必是有人诬告。无奈告状者准备充足,罗列了大量罪证。

一天早上,告状者看到一脸惊慌的刘成正在责骂鞭打他的随从,忙过来询问缘故。刘成回答说:"他弄丢了你写的状子。皇帝让我们办此事,现在状子丢了,皇帝会认为我们与李靖私通,不会放过我们的。"

告状者也感到了问题的严重性,忙问刘成有什么解决之法。刘成说:"只有把此事隐瞒下来,请你再重新写一份状子补上,这样谁也不会知道了。"

告状者想了想,没有别的办法也只好如此了。于是重新写了一份状子,交给刘成。

结果过了几天,皇帝就下令捉拿告状者,并释放了李靖。

你知道这到底是为什么吗?

51．祖传花瓶

徐老太太和两个儿子住在一个四合院里,老太太有一个祖传的花瓶价值连城,她知道两个儿子对这个花瓶觊觎已久，但她却不肯把花瓶给他们。有一年中秋节，老太太要去远方女儿家住几天，就把自己的屋子锁上后，出去了。

半个月后，徐老太太回家，发现花瓶已经被人偷了。就很气愤，叫来两个儿子询问。大儿子说："昨晚我上厕所，借着月光，看见二弟爬到你屋里了，应该是他偷的。"

小儿子说："我昨晚一直在自己屋里看书，根本没出过门。"

老太太听了两个儿子的话，马上知道谁说了谎，谁偷了花瓶。

你知道是谁吗？

52. 罪犯的疏忽

一天，名侦探明智小五郎去拜访好友宫田先生，对方很热情地招待了他。

"明智君，今天就留在这里吃晚饭吧。"宫田说道。

"好啊！等你的妻子回来我们一起用餐吧。"

对方看了一眼挂钟说道："她？唉，中午出去的时候还和我说会在下午三点多钟回来的，现在呢？都快六点了，还不见人影。"他话刚说完，只见宫田的司机小野三郎气喘吁吁地跑进屋子里说："不、不好了！先生，太太、太太她……"

"出什么事了？"明智侦探迅速地从座位上弹了起来。

"跟我来。"司机向前飞奔，后面两人也不敢怠慢。他们三人来到了离宫田家不远的一片树林里，一辆黑色宝马轿车正停在一棵大树的旁边。

小五郎看了一下地形，从车头的方向可以看出，经过了前面的下坡，这辆车的确是要往宫田家驶去。车的后排坐着宫田的妻子，她的太阳穴处中了一枪。

"夫人！夫人！"宫田拉开车门想抱住自己的太太。

"不要这样！宫田君，这样就破坏现场了。"

一听小五郎这样说，宫田忍住悲痛没有去碰他的妻子，但却在不停地哭泣。

"宫田夫人出门的时候是坐着你的车？"小五郎问司机小野。

"是的。"

"这个枪眼是怎么回事？"小五郎指着死者头部右处的太阳穴问道。

"是这样的，刚才太太说肚子有些饿了，要回家，我就开车送她，但经过了那家超市之后我就听见一声枪响，接着就刹住了车，等我回头时才发现太太已经死了。她是个好人呀！"小五郎朝那家超市看去，那家超市离这里有一段距离，他很清楚，那家超市的生意不太好，很早就关门了，所以不会有其他的目击证人出来作证。

"你真的听见枪响了？"小五郎问。

"是的，千真万确。"

"你开车的时候这条路上还有其他人吗？"

"没有，一个人都没看见，先生，会不会是有人在附近埋伏着呢？"

"在我们来之前你有没有动过现场？"

"没有。"

"你一个月拿多少工钱？"

"啊？先生，你怎么这样问？"小野疑惑地说。

"回答我。"

"三千元，宫田先生给的钱不算少。"

"留着这笔钱请律师吧。"小五郎看着小野严厉地说，在小野狡辩之前，明智小五郎做出了精彩的推理。

请问，司机小野的漏洞到底在哪里呢？

53．县官审案

古时候，某翁有两个儿子，二儿子不务正业，到处为非作歹。一次老翁气急之下错手打死了二儿子，怕官府追究，悄悄地和大儿子一起将尸体埋了起来，对外只说二儿子外出做工。一次老翁喝醉了酒，喃喃自语颇有悔恨之意，被邻居听到，就把他告到了官府。老翁拒不承认。县令没有证据，便想了一个审讯办法，将大儿子和老翁关在一起，并把大儿子吊起来受刑。从而得知了事情的真相。

你知道这是为什么吗？

54．询问的技巧

有个人被怀疑偷了东西，于是警官过来找他问话。

警官："据我所知，如果你偷了东西，肯定会有同伙。"

那人马上答道："不，这不是事实。"

警官据此认定那人真的偷了东西，这是为什么？

55．谁肯定有罪

有三个嫌疑人甲、乙、丙，已经知道以下两个事实。

A．如果甲无罪或者乙有罪，那么丙有罪；

B．如果甲无罪，那么丙也无罪。

你能确定这三个人里谁肯定有罪吗？

56．有用的信息

有三个嫌疑人甲、乙、丙，已经知道以下两个事实。

A．三个人中至少有一个人是有罪的；

B．如果甲有罪而乙无罪，那么丙有罪。

也许这些证据还不足以给其中某个人定罪，但的确能得到一些有用的信息，你能看出是什么信息吗？

57. 破绽

村民张三向新上任的知县控告邻居无赖陈抢占他家 10 亩良田。知县派人带来无赖陈,他辩解说:"10 年前张三父亲去世,没钱埋葬,便把家中 10 亩田地卖给我。我有证据在此。"说着掏出一张字据。说完将自己用茶汁浸泡发黄的字据冒充成陈年旧物呈给知县。

知县小心翼翼地打开这张折叠起来的字据,一拍惊堂木,喝道:"你竟敢伪造字据,欺骗本县!"

你知道知县发现了什么破绽吗?

58. 假证据

一天夜里,某位富豪的钻石被盗,福尔摩斯前来侦查,发现作案手法很像是怪盗基德,于是找来基德盘问。基德一口否认,说:"丢钻石那天我不在国内,在埃及,不信你看。"说着给福尔摩斯看了一张案发那天他骑着双峰驼在金字塔前拍的照片。

福尔摩斯看了看,一下子就揭穿了基德的谎言。

你知道福尔摩斯是怎样识破的吗?

59. 凶手的破绽

一个寒冷的冬天,在一间公共浴室内,一位客人被人用手枪杀死。警察来现场调查,询问一位在场的证人情况。证人说:"我当时正在洗澡,突然看见一个人从外面冲了进来,向里环视了一圈,对着死者开了一枪,然后就跑了。"

警察问:"那你有没有看清凶手的样子?"

证人回答说:"没有,他戴着墨镜和口罩,看不出什么样子。"

警察听完,马上对这个人说:"你在说谎,快老实交代,是不是你干的?"

警察发现了什么破绽呢?

60. 破绽在哪儿

冬季的一天,气温达到零下 20 多度,福尔摩斯在一个乡村旅店中休息。突然跑来一个浑身湿漉漉的人,大喊着救命。福尔摩斯忙问怎么了,来人说:"我和朋友一起在结了冰的湖里滑冰,突然冰裂开了,朋友掉了下去。我马上去救他,没有找到,就马上跑回来找人帮忙。"福尔摩斯马上和一群人一起来到两公里以外的出事地点,看到冰上果真有一个大洞。

福尔摩斯看了看那个人说:"我看,你的朋友是你故意杀害的吧?"

你知道他的破绽在哪儿吗?

61. 四个嫌疑人

这一案更有趣,牵涉到四名嫌疑人甲、乙、丙、丁,确定了以下四个事实。

A. 如果甲和乙都有罪,那丙也是同伙;

B. 如果甲有罪,那么乙、丙中至少有一个人是同伙;

C. 如果丙有罪,那么丁是同伙;

D. 如果甲无罪,那么丁有罪。

能确定哪几个人有罪,哪几个人无罪吗?

如果确定了以下四个事实。

A. 如果甲有罪,那么乙是同伙;

B. 如果乙有罪,那么或者丙是同伙或者甲无罪;

C. 如果丁无罪,那么甲有罪而丙无罪;

D. 如果丁有罪,那么甲也有罪。

能确定哪几个人有罪,哪几个人无罪吗?

62. 他是清白的

这一次案件发生在君子小人村里,也就是村里的人或者是永远说真话的君子,或者是永远说假话的小人。

在这个村子里,有个人被怀疑偷了别人的东西,于是警官来找他问话。这个人只说了一句话:"偷东西的那个人是个小人。"警官听后就知道那个人是清白的了。

请问这是为什么?

63. 巧断谋杀案

某地发生了一起凶杀案,警察在作案现场附近找到一个嫌疑人,便把他逮到了警察局。没想到他是个聋哑人,无论警察说什么,他都听不懂。警察只好对他做了书面盘问,发现如果他真的是个聋哑人,他就不是凶手。于是,聪明的办案人员说了一句简单的话,就拆穿了凶手伪装成聋哑人的伎俩。

你知道办案人员说的是什么话吗?

64. 聪明的警长

在一所乡村旅馆中发生了一起凶杀案。死者是一位妙龄女郎,被人用水果刀捅入背部致死。警长向侦探介绍说,这位女郎名叫刘丽,上周刚和一位军官完婚,他们在公园街有一套小公寓。嫌疑对象很可能是刘丽的前男友王刚。刘丽曾与王刚相好,但最后却选择了那位军官。

探长决定独自去探探王刚的情况,临走前他故意将一支金笔扔在了旅馆中死者躺过的床上。

王刚独自一人住在自己的修车店,探长一进门就问:"你知道刘丽被人杀了吗?"

"啊？不，不知道啊。"王刚气喘吁吁地说。

"嗯，不知道就好。"说着探长伸手到上衣口袋中摸笔做记录。"啊，糟糕，我的笔一定是掉在刘丽的房间了。我现在得马上去办另一件案子，顺便告诉警方你与此案无关。你不会拒绝帮我找回金笔，送回警察局吧？"

王刚只好无可奈何地答应了。

当王刚把金笔送到警察局时，他立即被捕了。

你知道是为什么吗？

65．逃逸的汽车

一辆汽车肇事后逃跑了，警长立即赶到了出事地点。

一位见证人说："当时我正在开车，在反光镜中发现自己车的后面有一辆车突然拐向小路，飞驶而去，很不正常。所以，我顺手记下了那辆车的车牌号。"

警长说："那可能就是肇事的车，我马上叫警察搜捕这辆 18UA01 号车！"几小时后，警察局告知警长，见证人提供的车号 18UA01 是个空号。现在已把近似车号的车都找来了，有 18UA81 号、18UA10 号、10AU81 号和 18AU01 号共四辆车。

警长看了看所有的车号，终于从四辆车中找出了那辆肇事车。

你知道是哪辆车吗？

66．偷自行车的人

某学校半夜有人开卡车进来偷自行车，通过调查锁定了三名作案嫌疑人：甲、乙和丙。经过了解后，查明了以下三条事实。

A．作案者不可能是甲、乙、丙三个人以外的其他人；

B．丙作案的时候肯定会和甲在一起，当然不一定只有两个人；

C．乙不懂怎么开卡车。

通过这三个事实，相关人员马上把甲抓了起来。请问他们是怎么推理的？

67．校园里的盗窃案

校园里又发生了一起盗窃案，经过调查锁定了三个嫌疑人，并了解到以下三条事实。

A．作案者不可能是甲、乙、丙三个人以外的其他人；

B．甲作案的时候肯定会有搭档；

C．经过深入调查，丙有充分的不在场证据。

如果你是警官，能依此决定先把谁抓起来吗？

68．双胞胎盗窃案

这一桩案件的嫌疑人也是有三个，但甲与乙是对双胞胎，长得很像，一般人很难分清。但大家都知道，那对双胞胎很胆小，必须有搭档才可能会作案。第三个嫌疑人丙则胆子非常大,因此他从来都是单干的。有可靠的几个证人作证,在案件发生的时候,他们看见双胞胎兄弟里的一个在操场上打球,但并不能确定是甲和乙中的哪一个。已经知道作案的肯定是甲、乙和丙里的一个人,你能确定谁有罪,谁无罪吗?

69. 厂长审案

还有一回案件也是发生在一个工厂里,甲和乙两个人被怀疑偷了别人的东西,于是厂长出面审理这个案子。最后厂长宣布:

A. 甲有罪;

B. 甲和乙并不是都有罪。

一个路人经过这个工厂并知道了这件事,他不知道厂长是君子还是小人,那么他能根据厂长的话推理出谁有罪吗? 厂长又是属于哪类人呢?

如果最后厂长宣布:

A. 甲或乙有罪;

B. 甲没有罪。

一个路人经过这个工厂并知道了这件事,他不知道厂长是君子还是小人,那么他能根据厂长的话推理出谁有罪吗? 厂长又是属于哪类人呢?

70. 手表

怀特先生加了一夜的班,天亮了才回到家,发现家中被盗,保险箱里的大量现金和首饰都不见了。于是报了案。不一会儿警察来了,警察和怀特一起在他家锁着的地下酒窖里发现了还在熟睡的妻子。众人将其叫醒,怀特的妻子讲述了事情的经过:"昨天下午 3 点左右,三个歹徒闯进家中,强行给我灌下了安眠药之类的药物,很快我就睡着了,并被歹徒关在了地下酒窖中。也不知道过了多久,现在才被大家叫醒。"

警察看了一眼这个酒窖,是个不大的地窖,放着几架红酒。四周无窗,门可以从外面锁上,里面有一盏 40 瓦的灯泡,发出不太亮的光。

警察看了一眼怀特的妻子,说:"你和那些强盗是一伙的吧? 快从实招来。"

你知道警察是如何识破她的诡计的吗?

71. 谁有罪

这次这个案子发生在有君子、小人和凡夫的村子里。君子永远讲真话,小人永远讲假话,凡夫则有时讲真话有时讲假话。

现在有三个村民甲、乙和丙被怀疑偷了东西,已经知道犯罪的是君子,而且是他们三人中唯一的君子。现在三个疑犯作了如下的陈述。

甲:"我无罪。"

乙："甲说的是实话。"

丙："乙不是凡夫。"

你能确定是谁有罪吗？

72．谁在说谎

一名劫匪抢劫了一家珠宝店，正好附近有一个巡逻的警察及时赶到，在作案现场附近抓到了几个嫌疑人。在询问的过程中，几个人的供词分别如下。

第一位说："什么？抢劫？什么时候的事？中午 12 点半？那时我正在前面那个小吃店吃面，吃完了发现外面下起了雨，我躲了一会儿雨。雨停了我才出来，可没走多远就被抓了。"

第二位说："我和女朋友一起逛街，突然下起了大雨，我们只能待在店里。等雨停了我们才分手各自回家，还看到那边有一道彩虹呢！"

第三位说："我不知道什么抢劫，我在附近的小店里躲雨，天晴了以后我发现有一道彩虹，很漂亮。我最喜欢彩虹了，就一直盯着看了半天。可能时间太久了，被太阳照得很刺眼，就打算回家休息一会儿，没想到被你们抓来了。"

警察想了想，说这三个人中有一个在说谎！

你知道是谁在说谎吗？

73．窃取情报

某科技公司高层开会的时候，偶然发现在会议室的桌子下面有一个微型录音笔，想必是竞争对手安排了奸细想窃取商业情报。公司决定查出这个奸细。从录音中了解到，这段录音的前 1 分钟没有任何声音，1 分 10 秒的时候有一声关门的声音，接着又是半小时的静音状态，接着是零星几个人的脚步声，接着就是会议上讨论的内容。应该是有人将录音笔打开后藏在会议桌下面，然后离开了。半小时后，高层领导陆续到会议室来参加会议，并开始开会。

根据会议的时间倒推就可以确定奸细安放录音笔的时间，而在这个时间没有不在场证据的人只有三个。第一位是市场部经理的新秘书王小姐，穿着一身白色的连衣裙，红色的高跟鞋；第二位是创作部的一位男职员李先生，穿着黑色的西装，棕色的皮鞋；第三位是人事部的王先生，穿着一身休闲装，运动鞋。

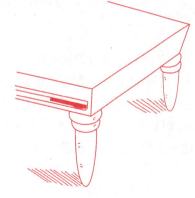

只是凭着三个人的装束，聪明过人的总经理就推出了谁是内奸。

你知道三个人中谁是奸细吗？

74．骗子的漏洞

"啊，我的钻石项链不见了！"一家五星级酒店的客房内传来一声尖叫，一位贵妇人气愤地告诉保安她的钻石首饰被人偷了，要酒店作出赔偿。

警长接到报案后，立刻赶到现场，向贵夫人询问详情。贵夫人说："我刚洗完澡，一打开浴室门,就从浴室的镜子里看到一个身高大约180厘米的黑衣男子从我的房间跑了出去。"

警长看看浴室的镜子,问:"您确定是在这面镜子看到的?"

贵妇人肯定地点了点头。

警长笑笑:"收起您的伪装吧,您只不过是为了拿到保险金才这样做的。"

你知道警长的依据吗?

75．作伪证的证人

在一个白雪纷飞的冬夜,花园路48号房间有一位单身女郎被人杀害。警方一到现场便展开了深入的调查,发现现场的房间中,电热炉被火烘得红红的,屋子里的人热得直流汗,电灯依旧亮着,紧闭的窗子掩上半边窗帘。

这时,被害人住所附近的一个年轻人向警方提供目击证据说,在昨晚11点左右,他曾目击凶案发生,死者的屋子离他的房间大约20米,他发现凶手是一个白衣男子,戴着金丝框眼镜,并且还蓄着胡子。

警方根据这位年轻人的叙述,逮捕了这名白衣男子。在法庭上,白衣男子的辩护律师开始询问这位目击证人:"你是在案发当时偶然在窗子旁看到凶手的吗?"

年轻人回答:"是的,因为对面窗户是透明的,而且那天晚上她的窗帘又是半掩的,所以我才能从20米远处看到凶手。"

这时,律师很肯定地说:"法官大人,这位年轻人所说的都是谎话,也就是犯了伪证罪。"

经过审查,证明了律师的判断是正确的。

你知道律师是怎样判断的吗?

76．吹牛的人

花花公子肯特见到人就说自己的英勇经历:"去年圣诞节前一天的早上,我和海军上尉海尔丁一同赶往海军在北极的气象观测站,突然海尔丁摔倒了,大腿骨折,10分钟之后,我们脚下的冰层也松动了,我们开始向大海飘去。我意识到如果不马上生个火,我们都会被冻死,但是火柴用光了。于是我取出一个放大镜,又撕了几张纸片,放在一个铁盒子上,用放大镜将太阳光聚焦后点燃了纸片,火拯救了我们的生命。幸运的是,24小时后我们被一艘经过的船救了起来。人人都说我临危不惧,采取了自救措施,是个英雄。"

你能找出肯特所说的话中,有什么不符合事实的地方吗?

77．多了一个嫌疑人

这次案件里多了一个嫌疑人丁,但我们只能了解到关于甲、乙、丙的几条事实。

A．甲确实无罪;

B．如果乙有罪,他恰好有一个搭档;

C．如果丙有罪，他恰好有两个搭档。

你能依此判断 D 是否有罪吗？

78．识破小偷

一天，警官在一所住宅的后门看见一个可疑男子。

"你等会儿再走。"警官见那人形迹可疑，便喊了一声。

那人听到喊声，愣了一下，便停下了脚步。

"你是不是想趁这家没人偷东西？"

"您这是哪儿的话，我就是这家的主人啊。"那个人答道。

正说着，一条毛乎乎的卷毛狗从后门里跑了出来，站在那个人身旁。

"您瞧，这是我们家的看家狗，这下您知道我不是可疑的人了吧？"他一边摸着狗的脑袋一边说。

那条狗还充满敌意地冲着警官"汪、汪"直叫。

"嘿！玛丽，别叫了！"

听他一喊，狗立刻就不叫了，马上快步跑到电线杆旁边，跷起后腿撒起尿来。

警官感到仿佛受了愚弄，拔腿向前走去。可他刚走几步，好像突然想起了什么，又急转回身不由分说地将那个男子逮捕了，嘴里还嘟囔着："闹了半天，你还是个贼啊。"

那么，警官到底是根据什么识破了小偷的诡计呢？

79．报案人的谎言

凌晨 3 时 30 分，值班警官甲身边的报警电话铃急促地响起，他被惊醒，迅速抓起听筒。电话里传来了一个女人娇滴滴的声音："你是值班警官吗？"

"是的，请问您是谁？"

"我叫 A，有人杀害了我的丈夫，因为我丈夫是个富翁。"

警官记下了她的地址，立刻跳下床。门外北风呼啸。"这该死的鬼天气！"

他缩着脖子钻进了警车，40 分钟后赶到了 A 家。

A 正在门房里等他。警官一到，她就开了门。房子里真暖和，警官摘下了围巾、手套、帽子，并脱下了大衣。A 穿着睡衣，脚上是一双拖鞋，头发乱蓬蓬的，脸上毫无血色。她说："尸体在楼上。"

警官边细看现场边问："太太，您丈夫是怎么被杀的？请慢慢说，越详细越好。"

"我丈夫是在夜里 11 时 45 分睡的，也不知道怎么的，我在 3 时 25 分就醒了。听了听丈夫一点儿气息也没有，才发觉他已经死了，他是被人杀死的。"

"那您后来干什么了？"警官又问。

"我就下楼给你们警察局打电话。那时我还看见那扇窗户大开着。"A 用纤纤玉手指了指那扇还开着的窗户，"凶手准是从这扇窗户进来，然后又从这里逃走的。"

警官走到那扇窗户前往下望去，下面有几个箱子，还有几个啤酒瓶，其他的什么都没有，风吹在他的脖子里面，冻得他缩了缩，忙关上了窗户。

A 抽泣着说："警官先生，你现在要验尸吗？"

警官冷冷地回道："让法医来干此事吧。不过,在他们到这里之前,我想奉劝夫人一句,尽早把真相告诉我!"

A脸色变得更白了:"你这是什么意思?"

警官严肃地说:"因为刚才你没说实话!"

请问,警官为何知道那女人说了谎?

80. 骗保险

李家发生火灾,李太太对保险公司的调查员说:"我炒菜时油着火了,我赶紧关上煤气,忙乱中我错把旁边的一桶油当作水泼了上去,没想到,火一下子窜到屋顶烧着了。"

调查员听后想了想说:"你在撒谎,你是想骗保险。"

请问,调查员是如何知道的呢?

81. 骗保险金

一位富翁报案说他家收藏的一幅名画昨晚被盗,要求保险公司赔偿。

保险公司请侦探来现场勘查。只见富翁家中的门被撬开了,屋子里有些翻动的痕迹。原本装着名画的画框被打开扔在一旁的鱼缸上,鱼缸里养着几条漂亮的热带鱼。

富翁解释说:"这几天天气很冷,我都用空调取暖。可昨天晚上突然停电了,没办法我只好去附近一家宾馆住了一晚。早上找来修理工帮我修好了线路,这才发现我的画不见了。"

侦探说:"恐怕你是为了骗保险金吧?"

他为什么这么说呢?

82. 四条有价值的供述

某金店被盗,丢失了一条价值连城的钻石项链。不久,警察抓到了三个与此案有关的嫌疑人。经过审讯,这三个嫌疑人做了如下的四条供述,而且据证实,这四条供述都是事实。

A. 如果甲有罪而乙无罪,那么丙有罪;

B. 丙从来不单干;

C. 甲从来不和丙合伙;

D. 这次案件的作案人肯定在甲、乙、丙里。

这几条事实也许不能完全认定谁没有罪,但有一个人可以认定必然是有罪的,请问是哪个人?

83．奇怪的牛蹄印

一天半夜,一个偷牛贼潜入了一座牧场,正准备把牛群赶走的时候,被牧场主人发现了。偷牛贼只好落荒而逃。牧场主人走出屋外的时候,偷牛贼已经跑远了。牧场主仔细观察了一下地上,没有发现脚印,只发现一串牛蹄印。谁都知道牛跑起来并不快,这个胆大的偷牛贼竟然敢骑着牛来偷盗!牧场主人迁出一匹马循着牛蹄印追了过去。按理说,很快就应该可以追上,可是追了很久也没有追到。

你知道这是为什么吗?

84．车祸现场

在一个漆黑的晚上,路边没有路灯,一个年轻人准备过马路。这条马路不宽,仅仅能容下两辆汽车并排而行。当年轻人走到路的中间时,突然发现左侧路的中间开来了一辆汽车,两只闪亮的车灯晃着他的眼睛。他赶紧加快脚步,想着走到路边就可以躲过了,没想到他到了路边还是被撞了。

你知道这是为什么吗?难道这辆车有那么宽吗?

85．假鬼魂

糊涂县令一个人晚上在家中独坐,突然听到堂前有哭泣的声音,于是起身去看。只见一个鬼魂血淋淋地跪在阶前说:"是 ×× 杀了我,并不是 ××× 杀了我!你要替我做主啊!否则我死不瞑目!"

县令对鬼魂说:"我知道了。"鬼魂才转身离去,留下几个令人毛骨悚然的血脚印。

第二天一早,果然有人告状,是杀人案,死者竟然和昨天晚上的鬼魂一模一样。嫌疑人也正是鬼魂提到的 ×× 和 ××× 两人。这让县令更加相信鬼魂的话,判 ×× 有罪。

他手下的一名师爷听说了此事以后,突然哈哈大笑,并和县令说了他笑的原因。县令恍然大悟,立即释放了 ××,改判 ××× 有罪。

你知道这是为什么吗?

86．假借据

王涛是一家贸易公司的高层管理人员,正在公司发展蒸蒸日上的时候,他却因为癌症死了。葬礼后没几天,一位陌生人来到王涛家,对他太太说:"我是王涛的生意伙伴,他曾经因业务需要向我借了 50 万元。现在他死了,这笔钱应该由你来还了吧。"说着拿出了一张借据。

王太太看了看借据，只见上面写着："因业务需要向 ××× 借款 50 万元。"并有丈夫的签名。王太太不假思索地说："对不起，我丈夫从来没有提起过此事。而且你这张借据是假的，你要是继续纠缠，别怪我报警了！"

陌生人一听，马上灰溜溜地走了。

你知道王太太是如何发现借据是假的吗？

87. 消失的罪犯

在太平洋一个著名的海滩上，正赶上旅游旺季，如织的游客在兴高采烈地玩耍，享受着惬意的休闲时光。突然，前面一阵骚乱。只见一名光头男子正在追逐一名披肩长发、穿着黑色泳衣的年轻女子。巡逻的警察发现后，马上前去拦截。不多时，就与几名热心游客一起拦下了那名光头男子。男子亮明身份，原来他是一名警察，正在追踪一名吸毒嫌犯。一番耽搁，那名黑衣女子已经跑出去好远了。

只见她飞快地向海中狂奔，当时游泳的人很多，但是只有她一人穿着黑色泳衣，辨认起来比较容易。警察立即通知上司，派来大批警力，将附近围个水泄不通，可是那名嫌疑人却突然在水中消失了。因为没有任何设备，她不可能在海水中潜水太长时间的。

这究竟是怎么回事呢？

88. 两份遗嘱

一位富翁死后，突然出现了两份遗嘱，两个受益人带着遗嘱去打官司。第一份遗嘱是用打字机打出来的，工整清楚，语言逻辑性强；第二份遗嘱是手写的，字迹很像是富翁的，里面提出否定第一份遗嘱，并且强调是躺在床上仰面写成的，所以上面的圆珠笔字迹有些凌乱。陪审团很多人都认为第二份遗嘱是真的可能性很大，这时有一个律师站出来用事实证明第二份遗嘱是假的，你知道他是怎么看出来的吗？

89. 哪个是警察

一天晚上，小明走在放学回家的路上，看到前面有两个人背对着自己，并排向前走。仔细一看，发现他们中间的两只手被一只手铐铐在一起。原来是一名便衣警察抓住了一个小偷，怕他跑掉，就和他铐在一起回警察局。可是由于天色昏暗，警察也没有什么明显的标志，分不清哪个是警察哪个是小偷。

你能帮小明判断一下到底哪个是警察吗？

90. 说谎的嫌疑人

一家工厂放在保险箱里的 10 万元现金被盗，警察接到报警很快赶到了现场。

保险箱所在的这间办公室在一楼，后面的窗子被打碎了，碎玻璃溅得满地都是，看来小偷是从这扇窗子跳进来作案的。

警察询问当晚值班的保安："玻璃被打碎了，难道你晚上没有听到声音吗？"

保安回答说："昨晚下了很多雨，还打了雷，估计小偷是在雷声的掩护下作案的。"

警察点了点头，表示赞同，又问："你巡逻过现场吗？"

保安说："是的，我每天都是在半夜 12 点的时候把每个房间都巡查一番，并拉上所有的窗帘。昨天我也这样做了,并没有发现任何异样。我想小偷一定是在后半夜作的案。"

警察冲保安冷笑一声,说:"你不要狡辩了,你就是那个小偷!"

你知道警察为何会做出这个判断吗?

91．学者之死

著名的学者赵教授被人杀死在了家里,现场的一切说明了凶手与被害人很熟悉,但是因为某种原因对被害人暗藏恨意。凶手逃逸时犯了一个错误,没有注意到被害人当时还没有

断气。被害人最后时刻在电话机上留下了神秘的死亡信息。

电话上在案发时刻有两个号码记录,都是拨出的:第一次只留下了一个 8 便挂断了。第二次留下的号码是 121×111。

警方经过调查,发现有以下四名嫌疑人。

张康,死者以前研究玄学时的伙伴,由于一本书的版权问题对死者怀恨在心;

王田,死者以前的学生,认为死者偏心于别的学生,对死者深怀不满;

李谦,死者以前的学生,认为死者盗用了自己的论文成果,曾对朋友声称要进行报复;

赵立,死者的邻居,由于死者将楼下院子擅自改变布置而与死者争吵,结怨越来越深。

以上四个人都没有充分的不在场证明。

请试着指出凶手。

92．重合的指针

一个人遇车祸死了,警察向目击证人询问当时的情况。当问及车祸发生的时间时,目击者说:具体的时间我不记得了,当时只是瞄了一下手表,发现表的时针和分针重合在一起。

问题来了,我们都知道手表在 12 点整的时候,时针和分针是重合在一起的。你知道除此之外两枚指针在 12 小时之内要重合几次吗?它们分别在什么时候重合呢?

93．加法与乘法

明明去一家商店买东西,他挑选了四件小商品,其中有一件只要 1 元钱,他在心里算了一下,总共 6.75 元。准备付钱时,明明发现店主用计算器算价时按的不是加法键,而是乘法键!他正准备提醒店主时,奇怪地发现,计算器算出的数字也是 6.75 元。店主没按错数字。

那么,你知道这四件小商品的单价各是多少元吗?

94. 审狗破案

有一对穷苦的姐妹相依为命,一天姐姐前来报案说妹妹被杀。

事情是这样的:当天傍晚,天刚黑下来,姐姐从地里干活归来,准备给在家的妹妹做饭。刚进院门,迎面就冲出一个光着上身的男子。姐姐连忙阻拦,两人厮打起来。姐姐抓了对方几下,最终因对方力气较大,让他逃走了。姐姐进屋一看,发现妹妹死在了屋中。

因为天色已晚,姐姐并没有看清男子长相。姐妹俩还养了一只大黄狗看家,可是案发当日黄狗并没有叫。

于是,县官贴出告示,称第二天要公开审问黄狗。

第二天,来了很多想看热闹的人,县衙被挤得水泄不通。县官先将老人、小孩、妇女赶出去,又命剩下的人脱掉上衣,逐一查看,发现一个人背部有两道红印子。经过审讯,此人正是杀害妹妹的凶手,街坊张三。

你知道县官是如何做到的吗?

95. 车牌号码

一天清晨 5 点左右,一位过马路的女子被一辆疾驰而过的汽车撞倒在地。

司机见附近没有什么人,便没有救援而逃逸了。被撞的女子仰面朝天地倒在地上,不久后被另一辆经过的司机送往医院。可她由于伤势过重,只说了车牌号是 8961,就死了。

警察很快找到了那辆牌号为 8961 的汽车,却发现车主的车前段时间出了故障,这几天一直在修理厂,根本无法外出。

这到底是怎么回事呢?

96. 汽车抢劫案

一天深夜,王刚下班开车回家。在一条偏僻的小路上,突然前轮两个车胎被扎破了。当王刚下车查看轮胎的时候,从旁边的丛林中跳出了四个蒙面大汉,他们把王刚身上所有的钞票和值钱的东西洗劫一空后,逃跑了。王刚只得步行向前走去,走了不久,前面有一个加油站,王刚对那里的加油员说自己刚被抢劫,希望能帮他报警,并再买两个新轮胎。加油员答应了他的请求并帮他打电话报警。

过了一会儿,警察来了。王刚向警察描述了被劫的经过,他的车子也换上了新轮胎。警察走到加油员面前说,你就是劫匪。

你知道警察为什么这么快就断定加油员就是劫匪吗?

97. 曹操的难题

官渡之战,曹操和袁绍对峙数月,曹操的粮草渐渐不支。依照曹军 20 万军队,他还可以支撑 7 天。第二天张辽带着大批人马来援助曹操,两队人马合在一起,曹操一算,现在的粮草还能支撑 5 天。

你知道张辽带来了多少人吗?

98．迪拜塔

迪拜塔是现在世界上最高的建筑,一共有160层。迪拜市长想要组织一次迪拜塔爬塔比赛,第一个爬到楼顶的人可以在其中的豪华酒店免费住三晚。最终参赛者有三个人:约翰在10分钟内能从1层爬到20层;查理在5分钟内能从1层爬到10层;史密斯在20分钟内能从1层爬到40层。

问:他们能否打成平手?如果不能,谁先爬完迪拜塔?

99．清晰的手印

一所公寓内发生了一起凶杀案,一名女子死在自己家的浴室内。警察来到现场取证,发现浴室的玻璃门上有一个非常清晰的手印。五个手指的指纹全部正面紧贴在一尘不染的玻璃上,连手掌的纹路都清晰可辨。一名警察小心地收集着上面的指纹,老练的警长看了一眼就说:"这个手印用处不大,很可能是为了误导警察而伪造的。"

你知道警长为什么会这么肯定吗?

100．半夜异响

一天夜里,一位失眠的老画家在家里听到了异常的声音。第二天起床后,他发现家里丢了一幅名贵的画,于是马上找来了侦探。侦探询问发生异响的具体时刻时,老画家回忆道:"我也不知道是什么时候,先是听见钟表敲了一下,然后过了一阵又敲了一下,再过了一阵又听到钟敲了一下,就在这时候听到了一声异响。"已知老画家家里的钟表在整点的时候会报时,时间到几点钟就敲几下,并且每到半点时也敲一下。

你能推出昨夜发生异响的时刻吗?

101．司令的命令

司令带兵出征,给粮草官留下命令:如果刘军长来借粮,由于他是自己人,可把粮草的2/3给他,自己留1/3;如果张军长来借粮,因为他是盟友,给他1/3的粮草,自己留2/3。结果刘军长和张军长同时来借粮,粮草官怎么分配才不违背司令的命令呢?

102．强劲的对手

黑猫警长有一个强劲的对手"飞毛腿",这只老鼠奔跑的速度十分惊人,比黑猫警长还要快,几次都被它逃脱了。

一次偶然的机会,警长发现"飞毛腿"在湖里划船游玩,这可是一个很好的机会。这个圆形小湖半径为R,"飞毛腿"划船的速度只有黑猫警长在岸上速度的1/4。警长沿着岸边奔跑,想抓住要划船上岸的"飞毛腿"。

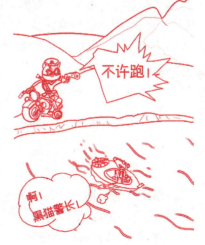

请问，这次"飞毛腿"还能不能侥幸逃脱呢？

103．破绽

夏天的中午，天气很热，一位富商要在广场上进行慈善演说活动。这位富商颇受争议，据说有人还扬言会在现场对他不利，于是富商找来了私家侦探来帮助找出想危害自己的人。

广场上人来人往，十分热闹。侦探观察了一下周围的环境，指着一位正在旁边花坛里浇花的园丁对警察说："他就是嫌疑犯。"

你知道侦探是怎么分辨出来的吗？

104．小偷的破绽

深夜，小偷撬开了一户人家的大门，发现屋子的主人可能去长途旅行了，短时间不可能回来，便放心大胆地开始行窃。他先大摇大摆地开了灯，细心地翻遍了所有的抽屉、文件柜、保险箱，临走前还不忘把自己摸过的所有地方都细心地用布擦了一遍，最后关上房门离开了。

他心想直到屋主回来之前都不会有人知道家里被盗，可是没想到刚走出没几步就被警察抓到了。你知道这是为什么吗？

105．嫌疑人的破绽

某地警方接到线人的可靠消息，在一个迪厅里有人在进行毒品交易，警方立即出动抓捕犯罪嫌疑人，但是却没有抓到贩毒集团的头目。后来有匿名人举报说，贩毒集团的头目藏匿在一栋豪华别墅里。警方派出便衣，监视这栋别墅，发现房子里面的情况如下：有一位老绅士，他除了早晚在房子外打太极拳，整天都待在屋里；有一位照顾老人饮食的厨师，他每天骑着自行车定时定点地采购，先去菜市场，再去调料店，最后去水果店，经常大包小包的；还有一位管家，有时也会出来买些东西，但看不出有贩毒的迹象。警员们通宵进行分析，终于功夫不负有心人，警员们从表象上的线索发现了犯罪嫌疑人的破绽，一举破案。

你能猜出谁是贩毒者吗？

106．猎人的朋友

猎人住在森林里的时间长了，经常不知道当天是星期几。他在森林里有很多动物朋友，他有时会向它们询问日期。

狐狸每逢星期一、二、三说谎，其他的日子讲真话；而灰熊则和狐狸不同，每逢星期四、五、六说谎，别的日子讲真话。

有一天，猎人遇见狐狸和灰熊在树下休息。它们作了以下陈述。

狐狸："昨天是我的撒谎日。"

灰熊："昨天也是我的撒谎日。"

从这两个陈述,猎人能推出当天是星期几吗?

有一天,猎人跟狐狸单独相遇了。狐狸说了下面的两句话。

甲："我昨天撒谎了。"

乙："我大后天还要撒谎。"

当天是星期几呢?

107. 狐狸说谎

已知狐狸每逢星期一、二、三说谎,其他的日子讲真话。那么,请问每一周的哪几天狐狸有可能作以下两个陈述?

甲："我昨天撒谎了。"

乙："我明天还要撒谎。"

每一周的哪几天狐狸有可能作以下单个陈述:"我昨天撒谎并且我明天还要撒谎。"要当心,答案跟前一题不一样哦。

108. 巫婆和妖精

森林里住着一个巫婆和一个妖精。说来也巧,她俩一个像狐狸,星期一、二、三撒谎,别的日子讲真话;另一个像灰熊,星期四、五、六撒谎,别的日子讲真话。谁像狐狸,谁像灰熊,猎人可不知道。更糟糕的是,巫婆平时总会把自己变成妖精的模样,让人无法分辨。

(1) 一天,猎人遇见巫婆和妖精在一块,他们作了以下陈述。

甲："我是巫婆。"

乙："我是妖精。"

究竟谁是巫婆、谁是妖精? 这一天又是星期几?

(2) 同一周的另外一天,巫婆和妖精又作了以下陈述。

甲："我是巫婆。"

乙："如果这是实话,我就是妖精啦!"

请问如何区分巫婆和妖精?

109. 得到什么回答

巫婆和妖精一个星期一、二、三撒谎,别的日子讲真话;另一个星期四、五、六撒谎,别的日子讲真话。而巫婆平时总会把自己变成妖精的模样,让人无法分辨。

有一天,猎人遇见巫婆和妖精。他问其中一个:"你星期日撒谎吗?"回答:"是。"他又向另外那个提出同样的问题,会得到什么回答?

如果巫婆和妖精作了以下陈述。

甲:

A．我星期六撒谎;

B．我星期日撒谎。

乙:我明天要撒谎。

请问,当天是星期几?

110．说话的是谁

巫婆和妖精一个星期一、二、三撒谎,别的日子讲真话;另一个星期四、五、六撒谎,别的日子讲真话。而巫婆平时总会把自己变成妖精的模样,让人无法分辨。

有一天,猎人只碰到巫婆和妖精中的一个,他作了以下陈述:"我今天撒谎并且我是妖精。"说话的到底是谁?

如果他作了以下陈述:"我今天撒谎或者我是妖精。"

请问,有可能确定他是谁吗?

111．一根魔法杖

巫婆和妖精一个星期一、二、三撒谎,别的日子讲真话;另一个星期四、五、六撒谎,别的日子讲真话。而巫婆平时总会把自己变成妖精的模样,让人无法分辨。

一天猎人在森林里捡到了一根魔法杖,他想这根魔法杖肯定是巫婆或者妖精的,就去找他们。

猎人在小溪边找到了他俩,上去问这根魔法杖是谁的。甲答道:"魔法杖是妖精的。"猎人想了一会儿,又问乙:"你是谁?"乙答:"我是妖精。"

猎人只知道当天不是星期日,他该把魔法杖还给谁?

如果猎人在小溪边只找到了巫婆和妖精中的一位。猎人问道:"这根魔法杖是谁的?"他回答说:"魔法杖真正的主人今天讲真话。"

请问,魔法杖归说话人的机会是多少?

112．森林里的传言

巫婆和妖精一个星期一、二、三撒谎,别的日子讲真话;另一个星期四、五、六撒谎,别的日子讲真话。而巫婆平时总会把自己变成妖精的模样,让人无法分辨。

最近森林里到处传言,说有个永远讲假话的魔法师搬了进来,并且说这个魔法师也喜欢把自己变成妖精的样子。猎人很想知道这件事是不是真的。

一天,猎人在森林里碰到了妖精,但他不知道是真的妖精还是巫婆或者传言中的魔法师变的。猎人把最近森林里的传言说了一下,然后问他:"你究竟是谁啊?"他答道:"我是巫婆或妖精,并且今天是我的撒谎日。"

（1）请问：传言是真的吗？

（2）假如猎人碰到的是两个妖精，他问道："你们究竟是谁呢？"他听到以下回答。

甲："我是魔法师。"

乙："是，他是的！"

请问传言是不是真的？

（3）假如猎人遇见的是两个妖精，那天又不是星期日。他问："魔法师真的来森林里了吗？"他得到以下回答。

甲："魔法师真的来了。"

乙："我真的来了。"

请问，你怎么看这一说法？

113．凶手的破绽

古时候，苏州有个商人名叫贾斯，他经常外出做生意。一天晚上，他雇好了船夫，约定第二天在城外寒山寺上船出行。

第二天，天还未亮，贾斯便带着很多银子离家去了寒山寺。当日光已照在东窗上时，贾斯的妻子听到有人急急敲门喊道："贾大嫂，贾大嫂，快开门！"贾妻开门后，来的正是船夫，他开口便问："大嫂，天不早了，贾老板怎么还不上船啊？"

贾妻顿感慌张，随船夫来到寒山寺，只见小船停在河边，贾斯却失踪了。贾妻到县衙门去报案，县令听了她的诉说后，便断定杀害贾斯的人是船夫。

你知道这是为什么吗？

114．被揭穿的谎言

这是一个气温超过34℃的炎热夏天，一列火车刚刚到站。女侦探麦琪站在月台，听到背后有人叫她："麦琪小姐，你要去旅行吗？"叫她的人是和她正在侦查的一件案子有关的梅丽莎。"不，我是来接人的。"麦琪回答。"真巧，我也是来接人的。"梅丽莎说。说着，她从手提包里掏出一块巧克力，掰了一半递给麦琪："还没吃午饭吧？来，吃块巧克力。"麦琪接过来放到嘴里。巧克力硬邦邦的，很好吃。这时，麦琪突然想到了什么，厉声对梅丽莎说："你为什么要撒谎，你分明是刚刚从火车上出来，为什么要骗我说你也是来接人的？"梅丽莎被她这么一问，脸色也变红了。但她仍想赖，反问说："你怎么知道我刚下火车？你看见的？""不，我没看见，但我知道你在撒谎。"麦琪自信地说。

请问，为什么麦琪断定梅丽莎在撒谎？

115．忽略的细节

刑侦专业的学生们去听一位在刑侦领域潜心研究了几十年的专家的报告。专家为了测试这群学生的专业素养如何,是否可以做到明察秋毫,特意给他们讲了一个故事。学生们对这个挑战十分兴奋,专心致志地听着每一个细节,因为任何地方都有可能隐藏着陷阱。

故事是这样的:猎人到森林里打猎,他带着三只猎狗,十分凶悍。走着走着,他们遇见了一只土拨鼠。猎人放开猎狗,让它们去追土拨鼠。土拨鼠为了逃生,拼命地向前跑,而猎狗则在后面咆哮着追赶。后来到了一片林子,土拨鼠嗖地一下钻进了一个树洞。树洞太小,体型庞大的猎狗只好等在外面。但是猎狗却突然发现从树洞另一边出来一只兔子,于是猎狗们便放弃了土拨鼠,改而去追兔子。兔子逃生的本事也不差,一蹦一跳地跑开了。后来兔子发现实在无法摆脱紧追不舍的猎狗,便爬上了一棵大树。猎狗们上不去,只能在树下狂吠。兔子没站稳,一下子从树上掉了下来。无巧不成书的是,它正好砸在猎狗们的头上,三只猎狗被砸晕了,于是兔子便成功地逃脱了。

讲完故事,专家问:"同学们,这个故事有哪些情节是不合理的?"

学生们开始议论纷纭,有的说:"猎人根本不会因为一只土拨鼠就把猎狗放出去,这样太不值得了,在逻辑上根本就讲不通。"

有的说:"兔子不可能会爬树,这是胡说。"

还有的说:"就算它会爬树,从树上掉下来,才多大的身子,怎么可能把三只猎狗砸晕呢?砸晕一只都算是那条狗倒霉到极点了。"学生们哄堂大笑。

"没错。"专家首先肯定了学生们的答案,然后又问道,"这些都是这个故事不符合情理的部分,那么你们还有没有什么新发现?"

学生们面面相觑,仔细想着,但却没有发现还有什么不妥当的地方。

聪明的读者,你知道还有什么地方不妥当吗?

116. 聪明的侦探

夏季的一天,女盗莉娜乔装改扮,混进珠宝拍卖会场,盗出两颗大钻石。一回到家,她马上将钻石放在水里做成冰块放在了冰箱里。因为钻石是无色透明的,所以藏到冰块里,万一有警察来搜查也不易被发现。

第二天,矶川侦探来了。"还是把你偷来的钻石交出来吧。珠宝拍卖现场的闭路电视已将化装后的你偷盗时的情景拍了下来,虽然警察没看出是你,但你瞒不过我的眼睛。"矶川侦探说。

"如果你怀疑是我干的,就在我家搜好了,直到你满意为止。"莉娜若无其事地说,"今天真热呀,来杯冰镇可乐怎么样?"

莉娜说着从冰箱里拿出冰块,每个杯子放了 4 块,再倒上可乐,递给矶川侦探一杯。将藏有钻石的冰块放到了自己的杯子里,即使冰块化了,在可乐下面也看不出来,莉娜暗自得意着。矶川侦探看了一眼莉娜的杯子。"对不起,能和你换一下杯子吗?我想尝尝放了钻石的可乐是什么味道。"

请问,冰块还没融化,矶川侦探是怎么看穿莉娜的可乐杯子里藏有钻石呢?

117. 巧妙报警

一天晚上,李莉女士一个人在家,突然闯进一名陌生男子,正是前几天电视上通缉的抢劫犯。李莉很害怕，劫匪说："我只是想在你家中休息一下，喝口水。如果你不声张，我是不会伤害你的。"李莉只得点了点头。

突然有人敲门，劫匪用枪指着李莉，说："不要让他进来，就说你已经睡下了。"

李莉打开门，一看是例行检查的片警小王，就笑着说："原来是小王啊，有事吗？"

小王说："只是例行检查而已。你这儿没事吧？"

李莉说道："没事！我都已经睡下了。我哥向你问好呢！"

"哦，谢谢。晚安！"片警小王离开了。

"哈哈，干得不错！"劫匪看来人走了，放下心来，到冰箱中拿出一瓶可乐，躺在沙发上大口地喝了起来。

突然，从阳台的门里冲出来几名警察，没等劫匪反应过来就抓住了他。

请问，你知道警察是怎么知道这里有劫匪的吗？

118. 吹牛的将军

有一个经历过第一次世界大战的将军，逢人便吹嘘自己在战场上多么英勇，立下多少赫赫战功。

每当有人去他家中，他就会自豪地给他们说起自己的光辉历史，还拿出一枚英国女王亲自颁发的金质勋章，上面刻着：

铁血英雄：颁给在第一次世界大战中战功显赫的 Gateway 将军。

——伊丽莎白 1917

他解释说，那是他在参加欧洲战场上的一次著名战役后获得的。他带领一个师，在十四天内击溃了敌人三个师的猛烈进攻。死伤虽然惨重，但有效地阻止了敌人的会合，为我军增援部队的赶到争取了时间。这一战决定了协约国的最后胜利。

一位朋友一眼就看出了这个故事并不是真实的。请问，你知道哪里出了问题吗？

119. 揭穿谎言

狂风大作，一艘客轮在海上航行。珠宝商王先生从甲板回到房间，发现一颗价值 10 万元人民币的钻石不翼而飞了，于是报了警。警察开始对船舱逐一搜查。隔壁船舱里是一个自称大学教授的人，他的桌子上放着一沓稿纸。当警察询问他的时候，他自称一晚上都在写作。警察发现稿纸上的字写得整齐秀丽，便当众揭穿了他的谎言。经过搜查，果然找到了昂贵的钻石，这位自称大学教授的人就是窃贼。

请问，警察是根据什么确定大学教授说谎的呢？

120. 3 个十分钟

女盗莉娜是一个奇怪的盗贼，她专门帮警长打开一些难开的保险柜。一天，她应侦探之邀来到侦探事务所,一进屋,就看见屋子中间摆着3个一样的新型保险柜。

"啊,莉娜,你来得正好。都说你是开保险柜的能人,那么请你在10分钟之内,不许用电钻和煤气灯,打开这些保险柜吧。"侦探说道。

"3个用10分钟吗?"

"不,每个用10分钟。"

"要是这样的话,没什么问题。"莉娜很自信地说,"不过,这保险柜里装的是什么?"

"里面是空的。实际上,这是一个保险柜生产厂家准备在今春上市的新产品,并计划推出这样的广告宣传词'连女盗莉娜也望尘莫及'。为慎重起见,保险柜生产厂家特地委托我请你给试验一下,并且提出无论成功与否,都要用摄像机录下来送还厂方。"

侦探安装好摄像机的三脚架。

"还没有我打不开的保险柜呢,如果10分钟内打开了怎么办?"

"可以得到厂家一笔可观的酬金。还是快干吧,我用这个沙漏给你计时。"

侦探把一个10分钟用的沙漏倒放在保险柜上面。莉娜也跟着开始动作,她将听诊器贴在保险柜的密码盘上,慢慢拨动着号码,以便通过微弱的手感找出保险柜密码。

1分钟、2分钟、3分钟……沙漏里的沙子在静静地往下流。

"莉娜小姐,已经9分钟了,还没打开吗? 只剩最后1分钟了。"

"别急嘛,新型保险柜,指尖对它还不熟悉。"

莉娜瞥了一眼沙漏,全神贯注在指尖上,终于找出了密码。因为是6位数的复杂组合,所以颇费些工夫。

"好啦,开了。"莉娜打开保险柜时,沙漏里的沙子还差一点儿就全到下面去了。

"可真不赖,正好在10分钟之内。那么再开第二个吧。不过,号码与方才的可不同啊!"侦探说着把沙漏倒了过来。

第二个保险柜顺利了很多。打开时沙漏上边玻璃瓶中的沙子还有好多呢。

"真是个能工巧匠啊,趁着兴头,接着开第三个吧! "

"如果是一样的保险柜。再开几个也是一样。"

"但3个保险柜都要在规定时间内打开,否则就拿不到酬金。实话告诉你吧,酬金就在第三个保险柜里面。怎么样,准备好了吗?"

"开始吧。"侦探将沙漏一倒过来,莉娜就接着开第三个保险柜。

然而,这次沙漏中的沙子都流到了下面,但保险柜还未打开。

"莉娜小姐,怎么搞的? 10分钟已经过了呀。"

"怪了,怎么会打不开呢,可……"莉娜瞥了一眼沙漏。

莉娜有些焦急,额头沁出了汗珠,可依然聚精会神地开锁。大约过了1分钟,她终于把保险柜打开了。柜中放着一个装有酬金的信封。

"这就怪了,与前两次都是一样的干法,这次怎么会慢了呢?"她歪着头,感到纳闷儿。忽然,她注意到了什么,"我差一点儿被你蒙骗了,我就是在规定时间内打开的保险柜,酬金该归我了!"

"哈哈哈,还是被你看出来了,真不愧是怪盗哇,还真骗不了你。"侦探乖乖地将酬金交给了莉娜。

请问，侦探是用什么手段做的手脚呢？

121．一坛大枣

古时候，有个无亲无故的年轻人要进京赶考。带着大量银子在身边不安全，便把所有家当装在一个大坛子里，说是一坛大枣寄放在邻居家中。一晃 3 年过去了，年轻人还没回来。邻居认为年轻人在路途中发生了意外，便私自打开了坛子。看到里面白花花的银子，邻居将其全部据为己有，并把大枣装了进去，重新封好。哪知没过多久，年轻人竟然回来了，并找邻居取回了坛子。回到家中，年轻人打开坛子一看，竟然全是大枣，便找邻居理论，说自己放的是银子。邻居不承认，说本来就是大枣。争执不下，年轻人告到了官府。县官听完两人的诉说之后，马上认定邻居说谎，并判其赔偿年轻人银两。

请问，你知道县官的依据是什么吗？

122．吹牛

一天，查尔斯向一群人讲述自己的冒险经历：那天，我一个人驾驶帆船出海。不料突然发动机坏了，我一个人停在大海中间，而且一点儿风都没有，也没法利用船帆前行。没办法，我只好找了一块白布，咬破手指，写下了"救命"两个大字，挂在桅杆上。幸好过了半天时间，有一艘船从附近经过，把我救了下来……

说到这里，一位在旁边默默听他讲述的年轻人说道："你在吹牛。"

请问，你知道年轻人为什么这么说吗？

123．越狱

一位国际间谍被判终身监禁关在一所监狱中，监狱为其安排了一间带有卫生间的单人牢房。牢房里的条件不错，有床，有书桌，还有淋浴和抽水马桶。可是两年后的一天，狱警发现他越狱逃跑了，并在床下发现了一条长达 20 多米的地道。据估算，挖这条地道需要挖出的土将近 10 吨，可是狱警在牢房里没有发现一点土。当然间谍没有经过别人从外面帮忙。

请问，你知道那些土在哪里吗？

124．怪盗偷邮票

怪盗把邮票展上展出的一枚价值连城的珍贵邮票偷走了，侦探小五郎马上开始追踪，跟随基德来到一家旅馆，见基德钻进了其中一个房间。小五郎上前敲门，怪盗打开房门："原来是小五郎先生啊，找我有事吗？"

"少装蒜，快把你偷来的邮票交出来吧。"小五郎直截了当地说。

"别生气嘛！你随便搜好了，我这里根本没有什么邮票。"怪盗挥挥手，轻松地说。

小五郎环顾一下四周，这个房间不大，家具也很简单，除了开着的电视机和上面不停旋转的电风扇外没有什么电器。按理说能藏东西的地方也不多，为什么怪盗能够如此坚信对方搜不出赃物呢？

请问，你知道怪盗把赃物藏在哪里了吗？

125．惯偷

在人群熙攘的火车站出站口处,一位丢失了旅行箱的旅客,偶然发现自己的旅行箱竟然正被另外一名年轻人拉着往外走。他马上追过去,问道:"这个箱子是我的,你怎么拿着我的旅行箱呢?"

年轻人愣了一下,然后马上说:"不好意思,我拿错了。"说完将箱子还给了那位旅客,然后继续往前走。

这一切都被在旁边巡逻的民警看在眼里,他马上意识到什么,于是上前盘查。果然,他是一个经常趁人多的时候偷别人旅行箱的惯偷。

请问,你知道警察是怎么看出来的吗?

126．曝光的底片

侦探小五郎派助手去跟踪一位毒品贩,拍摄下他们毒品交易的证据。经过十几天昼夜的不断努力,助手终于完成了任务。就在返回的途中,在旅馆里,助手突然咳嗽了起来,到了医院怀疑是肺结核,需要拍 X 光确认。没办法,助手只好去照 X 光。结果显示肺部没有什么问题,应该只是普通的感冒。助手放下心来,马上赶回侦探事务所向小五郎交差。可是当小五郎拿到底片的时候,却发现全部曝光了。

请问,这到底是怎么回事呢? 是助手拍摄的时候疏忽了,还是之后什么时候不小心把底片曝光了呢?

127．里程表之谜

一天,警察接到一个人报案,称自己新买的钢琴被人偷走了,警察马上到现场查看。报案人称自己今天买了一架钢琴,用车子运了回来。由于自己一个人搬不到楼上去,便去邻居家找人帮忙。但是邻居家里有些急事,需要处理完才能帮自己,所以等他带着邻居回来的时候,已经是一个多小时以后了。这时他发现钢琴不见了,但是车还在。

"钢琴那么重,谁会把它偷走呢? 又是怎么偷走的呢? "报案人非常费解。

"会不会是有人开着你的车偷走了钢琴,然后又把车还了回来呢? "警察猜测说。

报案人看了看汽车的里程表,说:"不可能,我回来的时候刚看过是 1258 公里,现在还是 1258 公里,一点儿都没有变。"

最后,警察经过多方调查,终于抓到了这个钢琴窃贼,而且他竟然真的是用报案人的车运走的钢琴。

请问,你知道窃贼到底是如何做到的吗?

128．不在场的证明

独自一人居住在一栋豪华公寓的张小姐被发现死在自己的床上,死因是煤气中毒。有人将一根塑料管接在了煤气阀上,并打开了阀门。一起被毒死的还有她的宠物猫。奇怪的是公寓的门窗都是从内部锁好的,也就是说这是个标准的密室杀人案。按理说,在这种密闭的房间内,打开煤气阀后,不到 30 分钟就可以让人死亡,而这段时间内,唯一的嫌疑人却有充分的不在场证明。

请问,你知道他到底是怎么做到的吗?

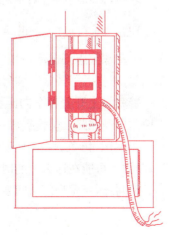

129．遗作

有人在拍卖一幅名画家的遗作,价格标到300万美元。据说这幅作品是该知名画家在和朋友旅行时,遇到暴风雪,连续几天温度都在零下30℃。画家受了伤,而且随身携带的所有物品都丢失了。最后,画家在朋友的帮助下终于找到了一间废弃的小木屋,两个人躲在木屋里,用唯一的一副手套堵住了窗子上的破洞。画家的伤越来越重,预感将不久于人世,为了报答忠实的伙伴,他在木屋的小柜子里找来一支旧钢笔和一小瓶墨水,为朋友画了最后一幅素描,不久就死去了。

大侦探小五郎听到这里,就马上断定这幅画一定是假的。

请问,你知道小五郎是怎么看出来的吗?

130．遗书

在一家五星级宾馆的房间里,一名英国客人死在了客房里,死因是氰化物中毒。室内没有打斗过的痕迹,桌子上留有一封遗书,看起来像是自杀。遗书上用英语写着:"他们在追杀我,我已经无路可走了,只好去见上帝了。5.26.13"法医鉴定,死亡时间是在2013年5月26日晚上10点左右,与遗书上的日期吻合。

警长问酒店的经理:"你们宾馆这几天入住了哪些客人?"

经理回答说:"最近是旅游淡季,这几天只来过他们一拨外国客人,除了他还有两个日本人,一个美国人,三个新加坡人。"

"立即调查那名美国人,他有重大嫌疑!"警长肯定地说。

请问,你知道警长为什么这么说吗?

131．消失的案犯

警察跟踪两名罪犯,发现到了一个悬崖边上时,脚印突然不见了。只见对着悬崖方向有两排不同的脚印,正是两名罪犯所穿的鞋子留下来的,但是却没有返回的脚印,这怎么可能呢?难道两个人从悬崖掉下去了?这个悬崖又高又陡,掉下去必死无疑。

请问,你知道两名案犯是如何布置的这一切吗?

132．不在场的证明

一家珠宝店打电话报警说两名歹徒抢了数百万元的珠宝后,刚刚乘坐一辆黑色"本田"车逃跑,并告诉了警察车牌号码。

警察马上开着警车向距警察局大约5公里的案发现场赶去。刚出警察局的大门,就差点撞到一辆在路上缓慢行驶的汽车。对方马上下车向警察赔礼道歉,警察一看这辆车,发现不对:本田,黑色,连车牌号也同刚才报案的车牌一致。可从这里距案发现场还有一段距离,劫匪不可能在这么短的时间赶到这里。

请问,这究竟是怎么回事呢?

133．消失的杯子

初冬，外面有一点儿冷，小明穿着一件厚外套，围着一条毛线编成的围巾来到好朋友小刚家。

"好久不见了，我们喝点啤酒吧！"小刚很热情，拿出了两个带柄的玻璃杯。可打开冰箱一看，啤酒喝光了。"稍等一下，我下去买。"

小刚来到楼下常光顾的小店，买了一打啤酒，又选了几样下酒的零食，十几分钟后就回到了家。正要倒酒，却发现酒杯不见了。"咦，刚才还在这儿呢！"

"哈哈，趁你刚才买啤酒，我把它们变到了楼下，你上来时没看到吗？"小明打趣道。

"怎么可能？你又没有下楼。就算你直接从窗子往下扔，也会摔碎的，这可是九楼啊！"小刚从窗口往下一看，发现楼下的空地上有两个闪亮的东西，可不正是家里的酒杯嘛！

请问，你知道小明是怎么把两个玻璃酒杯在他没下楼的情况下完好地转移到楼下的空地上的吗？

134．作案地点

一个星期日的早上，著名职业棒球评论家宫原正彦的尸体在其私宅的书房里被发现，他胸部中了两发手枪子弹。因其一人独居，所以尸体是早上佣人来时发现的。山田警部赶到现场时，鉴定班的现场勘查工作已经结束。

"近邻的人没有听到枪声吗？"

"没有。这个书房的玻璃窗是双层的，所以我想枪声没有传到外面。"旁边的鉴定人员答话时，挂在书房墙上的鸽子报时钟咕、咕、咕地响了，把山田警部吓了一跳。挂钟上的鸽子从小窗中探出头报了10点。

"死亡的时间知道了吗？"山田警部向鉴定人员询问道。

"是昨晚9点零3分。"

"没解剖尸体怎么知道得这样准确？"

"我们到这儿时，收音机正开着，录音键也按着。将磁带转到头一放，录的是昨天巨人队和阪神队决赛的比赛实况。"鉴定人员按了下桌上录音机的放音键，里面传出了比赛实况的转播声。这是第八回合的下半场，巨人队进攻以3：2领先。因无出局的跑垒员一垒，下一个击球员就成了选手王。播音员和解说员都在以期待选手王倒转本打垒的兴奋语气播着。当投球到一、二时，观众谴责故意投出的两次坏球的喊声此起彼伏。

就在这时，磁带中突然传出两声枪响，还听到有呻吟声，然而，实况转播丝毫没受到这一不和谐的枪声的影响而仍旧在进行着。结果，选手王故意投出了四次坏球，被阪神的投手所代替……

山田警部一边看着手表一边听着。鉴定人员关上录音机说：

"是在选手王投四次坏球前传出的枪声。刚才打电话问过广播电台，得知选手王投四次坏球的时间是昨晚9点零3分。"

"的确……"

"电视的比赛转播是8点54分结束的，所以在那之后受害人马上换上了收音机，就是在边听边录实况转播时被枪杀的。"鉴定人员这样说道。

"不,受害人不是在这个书房而是在别处被杀的。"山田警部肯定地说道。

"你说什么?为什么?"

"受害人是在别处录收音机转播实况时,被枪杀的。而且凶手不光是将尸体,还将这台录音机也一块儿搬到了这个书房里,伪装成是在这儿被杀的。"

请问,你知道这是为什么吗?

135. 谁偷的文件

一个在中国经商的日本人刚买了一艘游轮,便带着部下一起出海游玩。没多久,这个日本人就发现船上的一份重要文件不见了。嫌疑人有五个:第一个人是船长,负责开船。

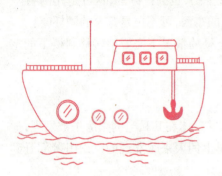

第二个是厨师,负责做饭,但案发时不是准备膳食的时间,所以他一个人在睡觉。第三个是他的助理,说案发时自己在换国旗。由于是新买的船便将原来的国旗换成日本国旗。本来早就应该做完的,后来发现国旗挂反了,就放下来重新挂了一遍。第四个人是他的儿子,第五个人是他的女儿,两个人说在一起打牌。

请问,根据这些证据,你知道文件是谁偷的吗?为什么?

136. 假照片

小明向同学们吹嘘,说自己暑假的时候去了西藏一座4000米高的山峰,并展示了一张照片作为证据。只见照片上小明和朋友在一座山的山顶上,举着刚打开的易拉罐啤酒庆祝。

这时小刚说:"你这张照片是合成的,你根本没有去西藏。"

请问,你知道这张照片有什么地方不对吗?

137. 撒谎的凶手

一个男子报案说有一名歹徒袭击他,出于正当防卫,他将歹徒打死了。警察赶到现场,发现死者手中握着一把匕首,脖子缠着几圈钓鱼线。男子说:"当时我正在池塘钓鱼,透过水面我看到他在我背后拿着匕首向我靠近,要对我下手。我迅速挥起渔竿向后抢去,鱼钩钩住了他的衣服,鱼线缠在了他的脖子上。他挣扎着还想过来杀我,我就撑着渔竿不让他靠近。最后他就被勒死了。"

警察听后,马上说:"别狡辩了,这可不是正当防卫,是你故意杀死他的。"

请问,你知道这是为什么吗?

138. 偷运黄金

警方收到线报说怪盗基德要从邻国走私100千克的黄金入境,于是组成专案组稽查。这天,守株待兔的专案组在海关等到了入境的基德。"这么多的黄金,看他怎么在这么多人的眼皮底下带过海关!"

"你们要干什么？我这车上可没装什么违禁物品呀！"基德抗议道。

"你说谎，那 100 千克的黄金就藏在你的车上吧！我们的线报一向很准确的。"警察们开始检查基德驾驶的汽车。可是，搜来搜去，连轮胎和座椅都检查过了，1 克黄金也没找到。警察们颇感失望。

线报当然是没错的，那么请问，你知道基德到底将那 100 千克的黄金藏在哪里了吗？

139．消失的扑克牌

计算机课上，老师说："今天我给你们做一个测验，你们打开 Windows 桌面上的附件，背景上浮现出大卫·科波菲尔的脸。然后，出现了 6 张扑克牌，都是不同花色的 J 到 K，每张都不一样。然后你在心里默想其中的一张。不要用鼠标单击它，只是在心里默想。看着我的眼睛，默想你的卡片。默想你的卡片，然后按空格键。"

我选了红桃 Q，一切都是按步骤来的。最后，我轻轻地按空格键，画面哗地一变，原来的 6 张牌不见了，然后出现了一行字："看！我取走了你想的那张卡片！"我急忙去看，天哪！扑克牌只剩下 5 张，红桃 Q 不见了！真的不见了！

我大吃一惊，马上再来一遍，这次选了黑桃 K，几个步骤下来，黑桃 K 又不见了！

百思不得其解，其他的同学也同样惊讶，看来他们也被这神奇的魔术震慑住了。这时老师说："你们是不是觉得很神奇呢？其实答案很简单。"他说出了谜底。他的回答令我再次失声惊呼：竟然这样简单！

请问，你知道这个魔术是怎么变的吗？

140．粗心的神父

神父有一个贵重的十字架，上面镶有很多价值连城的钻石，钻石的排列如右图所示。

但是神父也不知道十字架上钻石的总数，他每次只是从上面开始数，数到中间那一颗的时候，再分别向左、向右、向下继续数，每次都是 13 颗。有一次，这个十字架出了点问题，神父叫修理匠来修一下。这个修理匠很贪财，他知道神父数钻石的方法，于是他偷偷地把钻石拿走了两颗，而神父却没有发现。

请问，你知道他是如何做到的吗？

141．消失的邮票

王老先生家里有一枚珍贵的邮票，可谓价值连城。一年春节将至，王老先生打算去 300 千米外的北京看女儿一家，在路途中被一伙垂涎王老先生邮票已久的劫匪绑架了。劫匪知道，王老先生独自一人居住，去看女儿一家不可能把那么珍贵的邮票留在家中，必定随身携带。

"要想保命，就乖乖地把邮票交出来。"劫匪的头目威胁说。

"我没有随身携带。"王老先生回答说。

"骗谁啊！你家里没人怎么可能留在家中！"

"既然你们不信，那就搜好了。"

一个喽啰搜遍了王老先生的箱包口袋，只找到一些衣物、洗漱用品、几百块钱以及一张女儿寄给他的明信片，上面有女儿家的地址。

小喽啰指着明信片上的邮票问头目："是明信片上贴着的这张邮票吧？"

"你傻啊，那么重要的邮票，你会把它粘在明信片上吗？那只是一张再普通不过的邮票，不值钱。我们要的邮票只有它的一半大小，上面有一条龙。"

"那没有了，他不会真的留在家里了吧！"

劫匪们又仔细地找了一遍，还是一无所获。

请问，你知道王老先生把邮票藏哪里了吗？

142．值得怀疑

一天夜里，从菲律宾飞往北京的班机降落在首都机场，海关人员开始检查旅客的行李。

一名安检员在查看护照的时候，发现有个商人打扮的人有些可疑，他来京的目的是旅游，当天早上从泰国首都曼谷出发，中午经菲律宾首都马尼拉，飞抵北京。

在对行李详细检查时，果然发现在背包的夹层中有大量毒品。

请问，你知道是什么原因引起了安检员的怀疑吗？

143．做了手脚的时间表

妞妞是个聪明的孩子，但却非常不喜欢学习。妈妈每天都要催促妞妞抓紧时间学习，妞妞却辩解说她很忙，几乎没有时间学习。妈妈很疑惑，问她都在忙什么？妞妞就给妈妈列出这样一个表：

（1）睡觉（每天 8 小时），合 122 天；

（2）双休日 $2 \times 52 = 104$（天）；

（3）暑假 60 天；

（4）吃饭（每天 3 小时），合 45 天；

（5）娱乐（每天 2 小时），合 30 天。

总计：$122 + 104 + 60 + 45 + 30 = 361$（天）。

一年中，只有 4 天的时间可以学习，这还没有把生病的时间算进去，所以她根本没有时间学习。妈妈看她这样计算觉得也有道理。事实上，妞妞是做了手脚的。

请问，你知道妞妞在哪里做了手脚吗？

144．小明的烦恼

小明发现自己身边的朋友家里都有两个孩子，他便思考：如果家里有两个小孩，那么就有可能是三种情况，即两个都是男孩、两个都是女孩、一个男孩一个女孩。所以，如果生两个孩子，都是男孩的概率是 1/3。

但是,他自己又隐隐约约地感到不安,觉得似乎自己错了。

请问,你能指出他哪里错了吗?

145. 闭门失窃

怪盗基德坐在特快列车的一节卧铺车厢里。半夜时分,趁其他旅客熟睡之际,他钻进3号车厢的一个单人包间,偷走了珠宝大王准备展出的一枚镶满钻石的复活节彩蛋。

这趟列车是直达列车,中间不停车,将在早上7点钟准时到达目的地。带着这个价值连城的复活节彩蛋的珠宝商在早上6点起床时发现宝物丢失了,便报了警。车上的乘警马上带人对车上的人逐一盘查。

可是仔细搜查了每一名旅客的身上和行李等处,都没有发现那个拳头大小的彩蛋。这趟列车的车门是自动控制的,如果有人打开肯定会有记录,而车窗也是全封闭的。

请问,这个彩蛋到底哪里去了呢?

146. 消失的赎金

一位上市公司董事长的孙子被人绑架了,勒索100万元赎金。

犯人要求把钱用布包起来,放进皮箱。晚上10点,放在街角公园门后的垃圾箱旁。董事长为了孙子的安全,只好按照要求做了,并派人暗中监视。10点刚过,就有一个拾荒者走到垃圾箱前,拿起皮箱转身就走。董事长派的人立即开始跟踪。只见拾荒者走了一段路后,拦下了一辆出租车,到了市里最大的一家超市拿着箱子下了车,并将箱子存放在了超市的储物柜中,一个人走了。跟踪者守住箱子,心想一定还会有人来拿,可过了很久都没有人。他们觉得不太对劲,就过去打开箱子一看,箱子竟然是空的。

请问,你知道这是怎么回事吗? 那100万元赎金哪里去了?

147. 遗产

张三的伯父去世了,因为没有其他亲属,便留下遗嘱说将自己数百万元的遗产全部留给张三。这天,张三赶到伯父家中处理遗产。清点之后发现,只有少量现金和一张存折,数目也不多。打开保险柜,里面除了一些证件、户口本之外,还有一个信封。信封很普通,上面贴着两枚陈旧的邮票,没有写地址和收信人。遗嘱就放在这个信封里。就算加上这栋房子,也只有几十万元。

请问,伯父说的数百万元的遗产到底在哪儿呢?

148. 走私物品

彼得的工作是在边卡检查入境车辆是否携带了走私物品。

经过一段时间的观察,他发现有个看上去很有钱的人每天都会开着一辆宝马车入境,车上只有一大包不值钱的棉花。

彼得每次都会叫住他,仔细检查他的棉花包,看其中是否携带什么贵重物品,但每次都一无所获。多年的经验告诉自己,这个人一定在走私什么物品,只是苦于没有证据。

请问,你知道这个人走私的是什么吗?

149．藏东西

哥哥和弟弟玩藏东西游戏。哥哥说："我把一张百元钞票藏在了咱家书架上那本书的第 49、50 页之间了。"弟弟一听，马上否定了哥哥说的话。

请问，你知道弟弟为什么这么肯定吗？

150．不可能的赏赐

传说，印度的舍罕国王打算重赏国际象棋的发明人——大臣西萨·班·达依尔。这位聪明的大臣跪在国王面前说："陛下，请你在这张 8×8 的棋盘的第一个小格内，赏给我一粒麦子，在第二个小格内给两粒，在第三个小格内给四粒。照这样下去，每一小格内都比前一小格加一倍，就可以了。"国王说："你的要求不高，我会让你如愿以偿的。"说着，他下令把一袋麦子拿到宝座前，计算麦粒的工作开始了。但是，令人吃惊的事情出现了：还没到第 20 个小格，袋子已经空了，一袋又一袋的麦子被扛到国王面前来。但是，麦粒数增长得那样迅速，而格数却增长得很慢。国王很快发现，即使拿出全国的粮食来，也兑现不了他对象棋发明人许下的诺言。

算算看，国王应给象棋发明人多少粒麦子？

151．转移财产

第二次世界大战时，在德军集中营里，囚禁着一个年迈的老人。他是一个非常有钱的犹太人，但德军在逮捕他的时候，根本没有找到一分钱，甚至还发现他有很多债务，这与老人公司的账户记录非常不符。德军希望在监控中发现老人财产的去处，但是一年多下来，老人除了很珍视女儿的一封信之外，没有发现其他异常之处。有一天，老人说："想得到我的财产可以，但必须先允许我寄封信给我女儿。你们放心，我不用你们替我出邮费，把我女儿给我这封信上的邮票揭下来贴到这个上面就行。"德军反复检查了信的内容后，没有发现异常，就同意了。谁知，过了几天，老人说："我已经把我的财产从你们眼皮底下转移走了。"

请问，这到底是怎么回事呢？

152．赎金哪里去了

一位富翁的独生子被绑架了。绑匪要求把 100 万元人民币的赎金装在手提包里，于第二天晚上 12 点让他的司机在中央公园的雕塑旁挖一个坑埋进去。

富翁心急如焚，立刻报了警。警方决定派警察埋伏在公园的雕塑旁监视。晚上 12 点的时候,司机开着车,带着装有 100 万元人民币的手提包来到公园,按照绑匪的要求,挖了一个很深的坑把手提包埋了起来,然后空手走了。

警察们紧紧地盯着雕塑旁的动静。可是直到第二天中午,还是没有看见人来取钱,而富翁的儿子已经回家了。警察不知道绑匪耍了什么花招,于是挖开埋钱的坑,手提包还在,而钱却不翼而飞了!

请你想一想,赎金会在哪里? 绑匪又是谁?

153．指纹哪里去了

为跟踪逃犯,一名便衣警察走进了酒吧。一位年轻漂亮的女子迎面擦身而过,出了酒吧。这个女子大约 25 岁,打扮入时,化了很浓的妆。警察忽然想起这个女人正是前几天追捕的诈骗犯。他立刻追了出去,但诈骗犯已没有踪影。警察转身回到酒吧,展开调查。他把女子用过的酒杯加以检验,但是上面却没有留下任何指纹。警察很清楚地记得,那名女子并没有戴手套。

她怎么会没有留下指纹呢?

154．神秘的绑架案

某公司董事长的儿子被绑架了。绑匪开口要 20 万元人民币赎金,并且强调要用一个普通的大旅行袋装这些钱,于第二天上午在家附近的邮局邮寄,地址是邻市的花园路 8 号,收件人龚宇华。绑匪还威胁说不能报警,否则孩子就没命了。董事长派自己的私家侦探前往邻市调查,发现城市名和地址都是真的,但收件人却是假的。难道绑匪不要赎金了吗? 忽然,侦探灵机一动,发现了这宗绑架案的真实面目。

第二天,他捉到了这名绑架犯,成功地解救了孩子。

请问,你知道绑匪是谁吗?

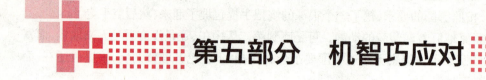

155．急中生智

一天夜里，侦探小五郎正在自己的事务所里喝威士忌。突然，一名杀手闯了进来，用枪指着小五郎的脑袋，说："对不起了，你的末日到了！"

小五郎反而一点都不慌张，镇定地说："谁派你来的？"

"一个恨透了你的人！"

"佣金不高吧？我可以出 3 倍的价钱，你看如何？"

杀手看上去有些动心，手里的枪抖了几下。

"别紧张嘛，我们慢慢说。"小五郎说着给对方倒了杯威士忌。

杀手喝了一口酒，问道："你真的有钱？"

小五郎打开墙角的一个保险柜，拿出一个鼓鼓的大纸袋放在茶几上。

杀手放下手中的酒杯，伸手去拿那个纸袋。就在这时，小五郎眼疾手快，拿起杀手用过的酒杯连同保险柜的钥匙一起扔进了保险柜，关上柜门并拨乱了密码锁的数字盘。

小五郎微微笑了笑："那个纸袋里只是些旧票据罢了。"

杀手恶狠狠地看了小五郎一眼，垂头丧气地走了。

请问，你知道小五郎为什么要这么做吗？他为什么能使杀手放弃刺杀他呢？

156．私杀耕牛

包拯在扬州某县当县令时，曾办过这样一个案子：一个人前来告状，称自己家的耕牛被人割掉了舌头。包拯秘密告诉他，叫他先回去，把牛杀了，然后公开叫卖牛肉。

当时，耕牛是非常重要的，私杀耕牛可是一项大罪。

请问，你知道包拯为什么还是叫他回去杀牛吗？

157．撒谎的贼首

一个财主的金库被一伙盗贼洗劫，丢失了 200 枚金币，财主告了官。不久，一个贼首来到官府自首说，盗窃行为是自己的 21 名手下做的，与自己无关，但是作为首领也有责任。所以他公布了 21 名参与盗窃的手下的名字，并指出，这 21 名盗贼每人分得一定数量的金币，最少 1 枚，最多 11 枚，而且每个人分得的金币数都是奇数。听到这里，县官抓住了贼首，说："你在撒谎，盗窃一定与你有关！"

请问，县官是怎么知道贼首撒谎的呢？

158．失踪的弟弟

某地有两个亲兄弟，一直不和。一天，哥哥被发现暴死街头，而弟弟也失踪了。警察在调查现场时发现，死者的血型是 B 型，而现场还遗留有另外一个人的 AB 型血，应该是凶手在与死者打斗中留下的。可是弟弟失踪了，家人又不知道弟弟的确切血型。后来调查得知，兄弟俩的父亲为 O 型血，母亲为 AB 型血。

请问，失踪的弟弟是凶手吗？

159．失窃的海洛因

一天，某医院的药房里丢失了一瓶海洛因。装海洛因的瓶子上只标着海洛因的化学式。医院的保安称，曾发现小偷，但是没有追上，他逃走了，而且小偷戴着面罩，分不清是谁。警察经过调查，初步断定嫌疑人有以下三人：一个是医院新来的实习生；一个是地质学教授，在外出工作时摔断了腿，住进了骨科病房；一个是樵夫，上山砍柴时被野兽袭击，在急诊病房休息。警方检查了药房，发现除了海洛因没有其他物品失窃。

请问，你知道到底谁是小偷吗？

160．被杀的间谍

一位罗马的间谍在窃取敌国情报的时候被人暗杀了，他临死前用鲜血在地上画了个"X"。根据警方的分析，这个"X"应该是间谍留下的暗杀他的人的身份信息。调查得知，可能杀害间谍的有三个杀手：杀手 1，美国人，代号 AF6；杀手 2，英国人，代号 CN12；杀手 3，日本人，代号 JZ3。

请问，凶手到底是谁呢？

161．判断依据

某海滨城市，一天夜里遭受了台风和暴雨的袭击。第二天一早，有人在海滩公园发现了一具男尸，旁边还有一顶他戴的帽子。警察只看了一眼就断定，海滩公园不是案发现场，而是有人在别处作案，搬运过来的。

请问，你知道警察的判断依据是什么吗？

162．巧断讹诈案

有一次，平原县县令外出，看到一群人围着两个人议论纷纷，便命停轿下去查问。

一个中年胖子立刻跪倒在地对县令说："我装着十五两银子的钱袋被这个年轻人拾到了。可是，他说钱袋里只有十两银子。"

那个年轻人急忙跪下说："老爷，我早晨给我妈妈买药，拾到一个装着十两银子的钱袋。因为着急就先回家送药，母亲催我回来等失主。这位先生来了硬说里面是十五两银子！"

众人都说胖子讹人，替年轻人喊冤。县令见状便问胖子："你丢的银子真的是十五两吗？"

"确确实实是十五两银子。"胖子肯定地回答道。

县令当即对胖子说了句话，众人都拍手称快。

请问，县令说了句什么话？

163．偷吃鸡蛋

早上，妈妈煮了三个鸡蛋给三个孩子吃。可是在去厨房盛粥的空当，放在桌子上的鸡蛋被三个孩子中的一个偷偷吃掉了。妈妈问是谁偷吃的，三个孩子都不承认。妈妈很生气，非要找出是谁干的。于是，妈妈拿来一杯水和一个空盘子。很简单地就试出了到底是谁偷吃的鸡蛋。

请问，你知道妈妈是怎么做到的吗？

164．哪种花色

王先生正在和朋友们一起玩扑克牌。王先生手上拿着 13 张牌，黑桃、红桃、梅花、方块都有，但是，每种花色的张数都不一样，黑桃跟红桃一共 6 张，黑桃跟方块一共 5 张。王先生手中有两张某种花色的扑克牌。

请问，哪种花色的牌有两张呢？

165．钱去哪儿了

小王从老板手中接过来一个信封，上面写着 98，里面装着他一天的兼职工资。回学校的路上，小王一共买了 90 元钱的东西，付款的时候才发现，他不仅没有剩下 8 元，反而差了 4 元。回到家里，他打电话问老板，怀疑是老板把钱发错了，老板说没有错。

请问，这是怎么回事？

166．五色药丸

有五个外表一样的药瓶，里边分别装有红、黄、蓝、绿、黑五种颜色的药丸。这些药瓶上面都没有标签，从外面看不出里面药丸的颜色，而且每个药瓶里的药丸都是同一种颜色的。现在由甲、乙、丙、丁、戊五个人来猜这五个药瓶里的药丸的颜色。

甲说：第二瓶是蓝色的药丸，第三瓶是黑色的药丸；

乙说：第二瓶是绿色的药丸，第四瓶是红色的药丸；

丙说：第一瓶是红色的药丸，第五瓶是黄色的药丸；

丁说：第三瓶是绿色的药丸，第四瓶是黄色的药丸；

戊说：第二瓶是黑色的药丸，第五瓶是蓝色的药丸。

事实上，当我们检查的时候发现：这五个人都只猜

猜一下每一瓶中的药丸各是什么颜色？

对了一瓶,并且每个人猜对的颜色都不同。

请问,每瓶分别装了什么颜色的药丸?

167. 优势

有一个人喜欢玩猜纸片,规则是这样的:他拿出三张完全相同的纸片,在每张纸片的正反两面分别画上√、√;×、×;√、×(如右图所示)。然后他把这三张纸片交给一个参与者。参与者偷偷选出一张,放在桌上。他只要看一眼朝上那面,就可以猜出朝下的是什么标记。如果猜对了,就请对方给他100元;猜错了,他给对方100元。

纸片上√和×各占总数的一半,也没有其他任何记号,应该对双方都是公平的。

请问,你觉得他有优势吗?

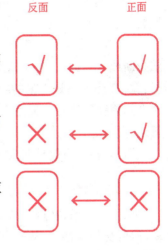

反面 正面

168. 被困的海盗

一艘海盗船被天上砸下来的一块石头给击中了,5个倒霉的家伙只好逃难到一个孤岛,他们发现岛上空荡荡的,只有一棵椰子树和一只猴子。

大家把椰子全部采摘下来放在一起,但是天已经很晚了,所以大家就决定先去睡觉。

晚上,一个家伙起床悄悄地将椰子分成5份,结果发现多了一个椰子,就顺手给了那只猴子,然后悄悄地藏了一份,把剩下的椰子混在一起放回原处后,悄悄地回去睡觉了。

过了一会儿,另一个家伙也起床悄悄地将剩下的椰子分成5份,结果发现多了一个椰子,顺手就又给了幸运的猴子,然后悄悄地藏了一份,把剩下的椰子混在一起放回原处后,悄悄地回去睡觉了。

又过了一会儿……

总之5个家伙都起床过,都做了一样的事情。

早上大家起床后,各自心怀鬼胎地分椰子,这个猴子还真不是一般的幸运,因为这次把椰子分成5份后居然还是多一个椰子,只好又给它了。

请问,这堆椰子最少有多少个?

169. 大座钟报时

乖乖家买了一个大座钟,乖乖很喜欢座钟报时时所播的优美音乐,所以每当座钟报时的时候他都会走到座钟前观看。

一天,乖乖爸突发奇想,问乖乖:"儿子,爸爸来考考你,每次大座钟报时的时候,相邻两次的钟声间隔时间为5秒钟。那如果大座钟连续敲12下,要花多少时间呢?"

儿子挠挠头,不一会儿就说出了答案,爸爸听后开心地把乖乖抱起来转圈。

请问,你知道乖乖说的答案是什么吗?

170. 偷运金属管

一个间谍盗取了某国的科技秘密,准备将一种新型金属材料偷运回国。已知被偷的这种金属材料是一根细长的金属管,直径虽然只有 2 厘米,但是长度却达到了 1.7 米(无法折断或者弯曲)。按照铁路系统的规定,旅客只可以携带长、宽、高都不超过 1 米的物品上火车,所以警察断定间谍不会选择铁路逃跑。但是这个间谍却真的通过铁路把金属管运走了。

请问,你知道他是怎么做到的吗?

171. 警察抓小偷

如下图所示,在这个游戏里,警察在抓小偷。警察先移动,然后交替地移动,从一个圆圈到相邻的圆圈。如果警察移动时可以把自己所在的点放到小偷所在的点上,那么他就抓住了小偷。

请问,警察能否在十步之内抓住小偷呢?

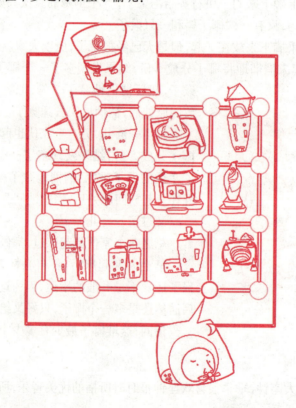

172. 快速煎饼时间

某地发生了一场凶杀案,一个卖油饼的小贩作为嫌疑犯被抓了起来。审讯时警察问他在案发的那段时间在做什么? 小贩说自己正在煎油饼,而且旁边正好摆着 3 张刚刚煎好的油饼。小贩用的锅不大,每次最多只能放进 2 张饼。把饼的一面煎熟需要 10 分钟,所以 3 张饼就要煎两次,一共花 40 分钟时间,这样根本就没有时间去杀人。警察刚要排除这个人的嫌疑,突然发现什么地方有些不对,也许可以用 30 分钟把 3 张饼煎好,那他就有充分的时间去作案了。

请问,小贩到底是如何做到的呢?

173．地理考试

地理考试卷上画了五大湖的图形,每个图形都编了号,要求填出其中任意两个湖名。有甲、乙、丙、丁、戊五名学生,答案如下。

甲填：3 是太湖,2 是巢湖。

乙填：4 是鄱阳湖,2 是洪泽湖。

丙填：1 是鄱阳湖,5 是洞庭湖。

丁填：4 是洞庭湖,3 是洪泽湖。

戊填：2 是太湖,5 是巢湖。

结果他们每人只对了一半。根据以上条件,下列正确的选项是（　　）。

A．1 是鄱阳湖,2 是太湖

B．2 是洪泽湖,3 是洞庭湖

C．3 是太湖,4 是洞庭湖

D．4 是巢湖,5 是洞庭湖

174．汽车的牌子

罗伯特、欧文、叶赛宁都新买了汽车,汽车的牌子是奔驰、本田、皇冠。他们一起来到朋友汤姆家里,让汤姆猜猜他们三人各买的是什么牌子的车。汤姆猜道："罗伯特买的是奔驰车,叶赛宁买的肯定不是皇冠车,欧文自然不会是奔驰车。"很可惜,汤姆的这种猜法,只猜对了一个,据此可以推知（　　）。

A．罗伯特买的是本田车,欧文买的是奔驰车,叶赛宁买的是皇冠车

B．罗伯特买的是奔驰车,欧文买的是皇冠车,叶赛宁买的是本田车

C．罗伯特买的是奔驰车,欧文买的是本田车,叶赛宁买的是皇冠车

D．罗伯特买的是皇冠车,欧文买的是奔驰车,叶赛宁买的是本田车

175．最终谁会赢

两个囚犯掷骰子度过余生。他们每人都有一个磨损得够呛的骰子,每个骰子都只有三面上的点数看得出来。第一个骰子只有 2、4、5 三面,第二个骰子只有 1、3、6 三面。如果谁掷的点数大,谁就获胜。

请问,如果游戏一直进行下去,最后谁会赢呢?

176．相互提问

一个大人和一个小孩在做一个游戏。

大人这样对小孩说："我们来玩一个互相提问的游戏，我问你一个问题，你若答不出，你给我 1 元钱；而你问我一个问题，我若答不出，我就给你 100 元钱，如何？"

小孩眨眨眼睛，说："行啊！"

"那你说说我的体重是多少？"大人先问道。

小孩想了一下，掏出 1 元钱给了大人。

轮到小孩提问了，你知道孩子问什么问题才能赢大人吗？

177．狡诈的县官

从前有一个县官要买金锭，店家遵命送来两只金锭。县官问："这两只金锭要多少钱？"店家答："太爷要买，小人只按半价出售。"

县官收下一只，还给店家一只。

过了许多日子，他不还账，店家便说："请太爷赏给小人金锭价款。"

县官装作不解的样子说："不是早已给了你吗？"

店家说："小人从没有拿到啊！"

请问，你知道这个贪财的县官是如何说的吗？

178．阿凡提的故事

有一个穷人找到阿凡提说："咱们穷人真是难啊！昨天我在巴依财主开的一家饭馆门口站了一站，巴依说我闻了他饭馆里的饭菜的香味，叫我付钱，我当然不给，他就到法官喀孜跟前告了我。喀孜决定今天判决，你能帮我说几句公道话吗？"

"行，行！"阿凡提一口答应下来，就陪着穷人去见喀孜。

巴依早就到了，正和喀孜谈得高兴。喀孜一看见穷人，不由分说就骂道："真不要脸！你闻了巴依饭菜的香气，怎么敢不付钱！快把饭钱给巴依！"

"慢着，喀孜！"阿凡提走上前来，行了个礼，说道，"这人是我的兄长，他没有钱，饭钱由我付给巴依好了。"

请问，你知道阿凡提是怎么帮穷人出气的吗？

179．谁和谁配对

有三个男青年 A、B、C，即将与甲、乙、丙三位姑娘结婚，有好事者想知道他们谁和谁是一对，于是前去打听。

他先问 A，A 说他要娶的是甲姑娘；他又去问甲，甲说她将嫁给 C；再去问 C，C 说他要娶的是丙。这可把这个人弄晕了，原来三个人都没有说真话。

请问，你能推出谁和谁结成了夫妻吗？

180. 寻宝的路线

某电视台组织了一次寻宝比赛，寻找藏在 Z 城的宝物。所有的人先在 A 城集合，然后参赛者们分头去除了 A 和 Z 城以外的其他九个城镇寻找线索，每一个城镇都有一条线索，只有把这些线索集中在一起，才会知道那件宝物藏在 Z 城的什么位置。而且有个要求，就是每个城镇只能去一次，不能重复。只有巧妙地安排自己的路线，才能顺利地从 A 城到达 Z 城。右图是 11 个城镇的分布图，城镇与城镇之间都有若干条道路相连。

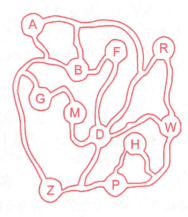

请问，该怎么走呢？

181. 确定起点

如下图所示，这是一幅寻宝地图。寻宝者在每一个方格只能停留一次，但通过的次数不限；到达每一方格后，下一步必须遵守其箭头的方位和跨度指示行走（如↓4 表示向下走 4 步，↗4 表示沿对角线向右上走 4 步）；有王冠的方格为终点。

请问，四个角哪里是寻宝的起点呢？在寻宝过程中，有些方格始终没有停留，这些方格会呈现出一个两位数，是什么数呢？

182．藏起来的宝石

在右图所示的表格中,隐藏了若干颗宝石,其数量如同表格边的数字所示。此外,在某些方格中标记了箭头的符号,这些地方没有宝石。而箭头所指的方向藏有宝石,当然在这个方向藏着的宝石可能不止一颗。

看你能找到多少颗宝石吧。

183．丈夫的特异功能

新婚的妻子趁着丈夫去洗澡的时候把新买的零食藏在电视后面,可没有想到丈夫洗完澡后一下子就找出了妻子藏的零食。妻子很不甘心,走进浴室,嘟囔着说:"你怎么可能看到啊,咱家浴室的门是毛玻璃的。就算离得很近去看,也看不清楚我在外面干什么,况且我已经看到你把浴室门关紧了!"

丈夫说:"哈哈,你还想骗我,我可是有特异功能的!休想偷偷地吃这些垃圾食品了!"

请问,丈夫真的有特异功能吗? 他是怎么知道妻子藏零食的地方呢?

184．判决

一对夫妇结婚后生了一个孩子,没几年,夫妻关系越来越不好,最后不得不离婚。但他们都不想要孩子,却都想争夺房产。两人互不相让,最后只好对簿公堂。

法官知道就算把房子和孩子的抚养权交给同一个人,也无法保证孩子能够得到好的待遇,他想了很久终于想出一个好办法。请问,你知道是什么办法吗?

185．不可能的分数

部队举行打靶比赛。靶纸上的1、3、5、7、9表示该靶区的得分数。甲、乙、丙、丁四位士兵各射击了6次,每次都中了靶。

比赛完之后他们是这样说的。

甲说:"我只得了8分。"乙说:"我共得了56分。"

丙说:"我共得了28分。"丁说:"我共得了27分。"

请想一想,他们所讲的分数有可能对吗? 如果有可能,请说出他们每次打靶的得分数;如果不可能,猜一猜哪个士兵说了谎?

186．谁是肇事者

一辆汽车发生交通事故被警察拦了下来。车上下来三个人,警察没有看清楚谁是司机。甲说:"我不是司机。"乙说:"是甲开的车。"丙说:"反正我没开车。"一个过路的人看到了这一幕,他知道是谁开的车,说了句:"你们仨只有一个人说了真话。"

那么请问,谁是肇事司机呢? (　　)

A．甲　　　　　　B．乙　　　　　　C．丙　　　　　D．不知道

187．水果卖亏了

张大婶在市场卖水果。她每天卖苹果、梨各 30 个，其中每 3 个苹果卖 1 元钱，每 2 个梨卖 1 元钱，这样一天可以卖 25 元钱。有一天，一位路人告诉她把苹果和梨混在一起每 5 个卖 2 元钱，可以卖得快一些。第二天，张大婶就尝试着这样做，最后水果卖完了，却只卖了 24 元钱。张大婶很纳闷，水果没少怎么钱少了 1 元钱。

请问，这 1 元钱去哪里了呢？

188．热气球过载

英国有一家报纸曾经举办过一次高额奖金的有奖征答活动，题目是这样的。

在一个充气不足的热气球上，载着三位关系人类兴亡的科学家，热气球过载，即将坠毁，必须扔出一个人以减轻重量，那么应该把谁扔出去？

三个人中，第一个人是环境专家，他的研究可使无数生命避免因环境污染而身亡；第二个人是原子专家，他的研究成果能够防止全球性的核武器战争，使地球免遭毁灭；第三个人是粮食专家，他能够让数以亿计的人脱离饥饿。

奖金丰厚，应答的信件堆成了山，答案各不相同，最终的获胜者却是一个小孩。

请问，你知道他的答案是什么吗？

189．什么关系

一天警察小张在街上看到局长带着个孩子，于是和局长打招呼："王局长，这孩子是你儿子吗？"王局长回答说："是的。"

小张又问小孩："孩子，他是你父亲吗？"

孩子回答："不是。"

两个人都没有说谎，你知道这是怎么回事吗？

190．奇怪的数列

左图中，有一组数列，请找出它的规律来。

根据这个规律，写出第八列和第九列分别是哪些数字，另外请说明第几列会最先出现 4 这个数字。

191．吃饭

小红和小丽姐妹俩为了吃完饭能马上去看电视，每次吃饭的时候都会拼命地快速吃完，这让她们的胃都不太好。妈妈非常担心，在多次劝告没有用的情况下，就对她们说："现在你们做一个比赛，谁碗里的饭最后吃完，我就给谁奖励，带她出去买一身新衣服。"妈妈以为这样能慢慢培养她们细嚼慢咽的习惯，没想到她们吃得更快了。

请问，你知道这是为什么吗？

192．丢失的螺丝

一位司机开着车去见朋友，半路上忽然有一个轮胎爆了。他把轮胎上的4个螺丝拆下来，然后从后备箱里把备用轮胎拿出来时，不小心把这4个螺丝都踢进了下水道。

请问，司机该怎么做才能使轿车安全地开到附近的修车厂呢？

193．对谁更有利

教授和两个学生一起吃午饭，教授说："我们一起玩个游戏吧。你们把各自的钱包放在桌子上，我来数里面的钱。钱少的人可以赢掉另一个人钱包中所有的钱。"

请问，这个游戏对谁更有利呢？

194．骑不到的地方

儿子和爸爸坐在屋里聊天。儿子突然对爸爸说："我可以骑到一个你永远骑不到的地方！"爸爸觉得这不可能，你认为可能吗？

195．如何活命

你是一名海警，在海上追捕逃犯的时候，船触礁沉没了。一个人流落在一座孤岛上，救援人员10天后才能到达。你有A和B两种药片，每种10粒。每天你必须各吃一片才能活到第二天。但是你不小心把两种药片混在一起无法分辨了。

请问，你会怎么办？

196．装睡

小明每次装睡的时候都会被哥哥发现，小明觉得很奇怪，就问哥哥原因。哥哥说："那是因为我有特异功能！"真的是这样吗？

197．他在干什么

一天放学后，小明写完作业打算去找同学小刚玩。到了小刚家门口，遇见了小刚的爸爸。小明说要找小刚玩，小刚的爸爸说："不行啊，他正忙着呢！"

小明问："作业早就应该写完了，他在忙什么呢？"

小刚的爸爸拿出一张小刚写的纸条交给小明，说："这是小刚写的，你看明白了就知道他在干什么了。"只见纸条上写着："他一句，我一句，他说千百句，我也说千百句。我说的，就是他说的。"

请问，你知道小刚在干什么吗？

198．上当的国王

很久以前,英国有个国王,因钦定英译的《圣经》而闻名。他在位期间,曾有一个犯人,因盗窃罪被判死刑。

罪犯便向国王提出一个要求,希望在行刑之前能有机会读完国王钦定的《圣经》。国王答应了这个要求。可是没想到这也相当于取消了罪犯的死刑判决。

请问,你知道这是怎么回事吗?

199．聚餐

周末,小明一家人聚餐,一共 5 个人,他们想炸东西吃,但每个人想要的酥嫩程度不同。奶奶牙口不好,要吃炸 10 分钟的炸薯条;爷爷喜欢吃鱼,要吃炸 5 分钟的小黄鱼;爸爸也想吃小黄鱼,但他喜欢嫩一点的口感,只需炸 1 分钟;妈妈喜欢脆脆的口感,想吃炸 15 分钟的炸薯条;而小明想吃炸 10 分钟的炸春卷。

如果这家人只有一个炸锅,那么请问,做这顿饭至少需要多长时间?

200．最轻的体重

小丽现在有 80 千克重,身为女孩的她经常遭到别的女生的嘲笑。但她却说:"别看我现在有 80 千克重,可是我最轻的时候还不到 3 千克。"

大家想一想,小丽的这句话有可能吗?

201．怎么摆放最省力

有个人蹬三轮车去送货,发现有三种方法摆放货物:都堆到靠近自己的这边;都堆到远离自己的一边;把货物均匀地平摊到三轮车上。

哪种方法最省力呢?

202．两根金属棒

有两根外表一样的金属棒,其中一根是磁铁,另一根是铁棒。

请问,你能否不用任何工具将它们分辨出来?

203．逃离食人族

一位探险者去非洲探险,被当地的食人族抓了起来。食人族有个传统,就是崇尚聪明的人。于是他们准备了三张纸条,两张上面写着"死",一张上面写着"生"。然后他们偷偷地将三张纸条扣在三个碗下面,并在碗上分别写了一句话作为提示。第一个碗上写着:"选择此碗必死。"第二个碗上写着:"选择第一个碗可以活命。"第三个碗上写着:"选择这个碗也会死。"并且告诉探险者,这三句提示中,只有一句话是真的。

请问,如果你是这个探险者,你会选择哪个碗呢?

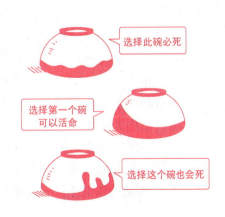

选择此碗必死

选择第一个碗可以活命

选择这个碗也会死

204．偷换概念

有 3 个人去住旅馆，住 3 间房，每一间房租 10 元，于是他们一共付给老板 30 元。第二天，老板觉得 3 间房只需要 25 元就够了，于是叫伙计退回 5 元给 3 位客人，谁知伙计贪心，只退回每人 1 元，自己偷偷拿了 2 元，这样一来便等于那 3 位客人每人各花了 9 元，于是 3 个人一共花了 27 元，再加上伙计独吞了 2 元，总共是 29 元。可是当初他们 3 个人一共付出 30 元，那么请问，还有 1 元哪儿去了呢？

205．比赛

一天，柯南和怪盗基德在商场一层的大门口不期而遇。

"好巧啊，你在这里干什么？"基德问柯南。

"是啊！好巧。我要去地下三层车库里的车里取我的笔记本。你呢？"

"我也是啊，不过我的笔记本在三楼超市的储物柜里。要不我们来比赛吧，不许乘电梯，看谁先拿到东西再回到这里。"

"你休想骗我，我还不知道你的把戏。"柯南说。

说着柯南拆穿了基德。

请问，你知道基德的把戏是什么吗？

206．无法滚动的球

国王有一个长方形的箱子，里面紧紧塞着 20 个金球。每个球都被其他球卡住，所以无论箱子如何动，这些球都不会在箱子里滚动。

国王每天晚上都要晃动一下箱子，听里面是否有滚动的声音，以确定金球有没有丢失。

一天，一个聪明的仆人想偷走一些金球。

请问，他可以拿走哪几个球，才能保证剩下的球不会在箱子里滚动？（当然不能全部拿走，那样箱子重量变化太大更容易被发现。）

207．饭店的门牌

某日，某饭店里来了三对客人：两个男人，两个女人，还有一对夫妇。他（她）们开了 3 个房间，门口分别挂上了带有标记"男男""女女""男女"的牌子，以免互相进错房间。但是爱开玩笑的饭店服务员，却把牌子巧妙地调换了位置，弄得房间里的人和牌子全对不上号。

在这种混乱的情况下，据说只要敲一个房间的门，听到里边的一声回答，就能全部搞清楚 3 个房间里的人员情况。

请问，要敲的该是挂有什么牌子的房间呢？

208．禁止通行

两个村子之间只有一座小桥可以通过,但是由于两个村子之间有世仇,所以有规定禁止两个村子的村民互相来往,于是,他们在桥的中间设了一个关卡,由一名村民负责看守。

通过整座小桥至少需要 10 分钟,而看守人员大部分时间在屋子里,只是每隔 7 分钟会出来看一次。如果他发现有人想通过小桥到对岸去,就会把他叫回来,禁止他通过。

可是有一天,一名村民要去另一个村子办事。

请问,他需要怎样做才能顺利通过这座小桥呢?

209．两个空心球

一个小偷偷了一个大金球,他将这个金球与一个同样大小的空心铅球放在了一起,然后在表面镀上了相同颜色和材料的镀层。伪装好之后,警察追了过来,看到了两个球,无法区分。

请问,你能在不破坏表面镀层的条件下,用简易方法指出哪个是金球、哪个是铅球吗?

第六部分　真假大辩论

210．说谎的嫌犯

一位年轻人报警说，自己和朋友去森林里打猎，突然闯出两名大汉，把他的朋友杀死了，并抢走了他们所有的财物。

警察赶到现场，向年轻人询问事情的经过。年轻人说："我们打完猎，准备吃烤好的兔子。这时从树林里跑出来两名大汉，他们把我打晕了，等我醒来时，发现我的朋友已经被杀死了，于是我就报了警……"

警察调查了现场，发现死者死亡时间大概在一个小时前，死因是被钝器打碎了颅骨。中间有一堆燃烧的树枝，火很旺，上面烤着的兔子油汪汪的，发出迷人的香气。

这时，警察指着年轻人说："别装了，你就是凶手。"

请问，警察是如何推断出来的呢？

211．谁打碎的花瓶

五个小朋友在家里玩耍，妈妈回来后发现花瓶被摔碎了，就问他们是谁干的？五个人说的话如下。

甲："肯定是我们中间的某个人干的。"

乙："是丁干的。"

丙："反正不是我干的。"

丁："是戊干的。"

戊："是乙干的。"

事实证明，这五个人的话里只有一句话是真话。那么请问，是谁打碎的花瓶呢？

212．三人的供词

纽约展览馆的保险库被盗，丢失了一件十分珍贵的藏品，吉姆、约翰和汤姆三人因此受到传讯。三人中肯定有一人是作案者，并且盗窃现场的证据表明，作案者是一名计算机高手，他侵入了展览馆的保安系统，使所有的保护设施全部失效。这三位可疑对象每人作了两条供词，内容如下。

吉姆：

（1）我不懂计算机。

（2）我没有偷东西。

约翰：

（3）我是个计算机高手。

（4）但是我没有偷东西。

汤姆：

（5）我不是计算机高手。

（6）是计算机高手作的案。

警察最后发现：

（7）上述 6 条供词中只有两条是实话。

（8）这三个可疑对象中只有一个不是计算机高手。

是谁作的案呢？

提示：判定（2）和（4）这两条供词都是实话，还是其中只有一条供词是实话。

213．真假分不清

小李家有三个孩子 A、B、C，他们三人的名字分别叫真真、假假、真假（不对应），真真只说真话，假假只说假话，而真假有时说真话有时说假话。

有一个人遇到了他们，于是问 A：“请问，B 叫什么名字？”A 回答说：“他叫真真。”

这个人又问 B：“你叫真真吗？”B 回答说：“不，我叫假假。”

这个人又问 C：“B 到底叫什么？”C 回答说：“他叫真假。”

请问，你知道 A、B、C 中谁是真真，谁是假假，谁是真假吗？

214．今天星期几

在非洲某地有两个奇怪的部落，一个部落的人在每周的一、三、五说谎，另一个部落的人在每周的二、四、六说谎，在其他日子他们都说实话。一天，一位探险家来到这里，见到两个人，向他们请教今天是星期几。两个人都没有明确告诉他，只是都说：“前天是我说谎的日子。”如果这两个人分别来自两个部落，那么请问，今天应该是星期几？

215．哪天说实话

在一个小岛上有个特殊的部落，这个部落的人都非常喜欢撒谎，以至于他们几乎忘记了如何才能说实话。

A 就是这个部落的一个村民。他同样很爱撒谎，一周 7 天中有 6 天都在说谎，只有一天会说实话。

下面是他连续 3 天说的话。

第一天：我星期一、星期二撒谎。

第二天：今天是星期四、星期六或是星期日。

第三天：我星期三、星期五撒谎。

请问，A在一周中的哪天会说实话呢？

216．走出迷宫

一位探险家去寻宝，在一片原始森林里迷了路，他在里面走了很久，一直没有找到出口，这可把他吓坏了。这时，他来到一个三岔路口旁，发现每个路口都写了一句话，第一个路口的牌子上写着"这条路通向出口"，第二个路口的牌子上写着"这条路不通向出口"。第三个路口的牌子上写着"另外两块路牌上""一个是真的""一个是假的"。如果第三个路口上的话是正确的，那么请问，探险家要选择哪一条路才能走出去呢？

217．分辨吸血鬼

在一个奇怪的岛上住着两种居民：人和吸血鬼。有一年，这里发生了一场瘟疫，有一半的人和吸血鬼都生了病而变得精神错乱了。这样一来，这里的居民就分成了四类：神志清醒的人、精神错乱的人、神志清醒的吸血鬼、精神错乱的吸血鬼。从外表上是无法将他们区分开的。他们的不同在于：凡是神志清醒的人总是说真话，但是一旦精神错乱了，他就只会说假话了。

吸血鬼与人恰好相反，凡是神志清醒的吸血鬼都是说假话，但是他们一旦精神错乱，反倒说起真话来了。这四类居民，讲话都很干脆，他们对任何问题的回答，只用两个词："是"或"不是"。

有一天,有位"逻辑博士"来到这个岛上。他遇见了一个居民 P。"逻辑博士"很想知道 P 是属于四类居民中的哪一类。于是,他就向 P 提出了一个问题。他根据 P 的回答,立即就推定 P 是人还是吸血鬼。后来,他又提出了一个问题,又推定出 P 是神志清醒的,还是精神错乱的。

请问,"逻辑博士"先后提出的是哪两个问题呢?

218．开箱子

有一位探险家在一个山洞里发现了两个箱子和一封信,信上说:"这两个箱子中有一个装有满箱的珠宝,另一个装有毒气。如果你足够聪明,按照箱子上的提示就能找到宝物。"

这时探险家看到两个箱子上都有一张纸条,第一个箱子上写着:"另一个箱子上的纸条是真的,珠宝在这个箱子里。"第二个箱子上写着:"另一个箱子上的话是假的,珠宝在另一个箱子里。"

请问,他应该打开哪个箱子才能获得珠宝呢?

另一个箱子上的纸条是真的,珠宝在这个箱子里

另一个箱子上的话是假的,珠宝在另一个箱子里

219．四位证人

一位很有名望的教授被杀了,凶手在逃。经过几天的侦查,警察抓到了 A、B 两名嫌疑人,另外还有四位证人。

第一位证人张先生说:"A 是清白的。"

第二位证人李先生说:"B 为人光明磊落,他不可能杀人。"

第三位证人赵师傅说:"前面两位证人的证词中,至少有一个是真的。"

第四位证人王太太说:"我可以肯定赵师傅的证词是假的。至于他有什么意图,我就不知道了。"

最后警察经过调查,证实王太太说了实话。

请问,凶手究竟是谁?

220．谁偷了金表

商厦发生了一起盗窃案,一只名贵的金表被盗了。警察根据群众提供的线索,提审了有偷窃嫌疑的四个人。他们的口供如下。

甲说:"我看见金表是乙偷的!"

乙说:"不是我!金表是丙偷的。"

丙说:"乙在撒谎,他是要陷害我。"

丁说:"金表是谁偷去了我不知道,反正我没偷。"

经过调查证实,四个人中只有一个人的供词是真话,其余都是假话。

请问,谁是小偷?

221．谁偷吃了糖果

妈妈准备待客用的糖果被偷吃了，妈妈很生气，就盘问4个孩子。下面是他们的回答。

A："是B吃的。"

B："是D吃的。"

C："我没有吃。"

D："B在说谎。"

现在已知这4个人中只有1个人说了实话，其他的3个人都在说谎。

请问，偷吃糖果的人是谁？

222．谁是主犯

四个犯罪嫌疑人同时落网，但是他们只承认参与了犯罪行为，却都不承认自己是主犯。在警察审问的时候，四个人的回答如下。

甲说："丙是主犯，每次都是他负责的。"

乙说："我不是主犯。"

丙说："我也不是主犯。"

丁说："甲说得对。"

警方通过调查，终于查出了谁是主犯，而且他们之中只有1个人说了真话，其余3个人都说了假话。

请问，谁才是主犯呢？

223．谁偷吃了蛋糕

妈妈在餐桌上放了一块蛋糕，可是刚出去了一下，再回来的时候就发现蛋糕被人吃掉了，所以就问在场的三个孩子，是谁偷吃了蛋糕，得到的答案如下。

A："我吃了，好好吃哦！"

B："我看见A吃了。"

C："总之，我和B都没吃。"

假设只有一个孩子在说谎，那么请问，蛋糕被几个人偷吃了，都有谁？

224．真假难辨

师生聚会中，刘老师突然问学生，上学的时候，谁向他说过谎？大家各自只说了一句话。

张三："李四说过谎。"

李四："王五说过谎。"

王五："张三和李四都说过谎。"

请问，谁说过谎，谁没说过谎？

225．推算日子

去年暑假，小明在外婆家住了几天，这期间的天气时晴时雨，具体来说：

（1）上午或下午下雨的情况有 7 次；

（2）凡是下午下雨的那天上午总是晴天；

（3）有 5 个下午是晴天；

（4）有 6 个上午是晴天。

想一想，小明在外婆家一共住了几天?

226．五个儿子

一个老财主，一辈子积攒了不少钱财。他有五个儿子，在儿子成家立业之后，老财主将自己所有的财产分给了五个儿子，自己仅留了少量的生活所用。若干年后，突遇一个灾荒之年，可怜的老父亲要面临断炊了，所以不得不求助于五个儿子。

但是，经过了这么多年，有的儿子赚了不少，也有的儿子将家产败光了。他不知道现在哪个儿子有钱，但他知道，他们兄弟之间彼此都知道底细。

下面是他们五兄弟说的话，其中有钱的说的都是假话，没钱的说的都是真话。

老大说："老三说过，我的四个兄弟中，只有一个有钱。"

老二说："老五说过，我的四个兄弟中，有两个有钱。"

老三说："老四说过，我们兄弟五个都没钱。"

老四说："老大和老二都有钱。"

老五说："老三有钱，另外老大承认过他有钱。"

请问，你能帮助这位老父亲判断出这几个儿子中谁有钱吗？

227．谁得了大奖

公司年底联欢会上有个抽奖环节，经理把得大奖人的名字抽出来后，对离他最近的一桌上五个人说："大奖就出在你们五个人中。"

甲说："我猜是丙得了大奖。"

乙说："肯定不是我，我的运气一直不好。"

丙说："我觉得也不是我。"

丁说："肯定是戊。"

戊说："肯定是甲，他的运气一直很好。"

经理听了他们的话说："你们五个人只有一个人猜对了，其他四个人都猜错了。"

五个人听了之后，马上意识到是谁得了大奖了。

请问，你知道是谁吗？

228．从实招来

有个法院开庭审理一起盗窃案件，某地的 A、B、C 三人被押上法庭。负责审理这个案件的法官是这样想的：肯提供真实情况的不可能是盗窃犯；与此相反，真正的盗窃犯为了掩盖罪行，一定会编造口供。因此，他得出了这样的结论：说真话的肯定不是盗窃犯，说假话的肯定就是盗窃犯。审判的结果也证明了法官的这个想法是正确的。

审问开始了。

法官先问 A："你是怎样进行盗窃的？从实招来！"

A 回答了法官的问题："叽里咕噜，叽里咕噜……"A 讲的是某地的方言，法官根本听不懂他讲的是什么意思。

法官又问 B 和 C："刚才 A 是怎样回答我的提问的？叽里咕噜，叽里咕噜，是什么意思？"

B 说："禀告法官老爷，A 的意思是说，他不是盗窃犯。"

C 说："禀告法官老爷，A 刚才已经招供了，他承认自己就是盗窃犯。"

B 和 C 说的话法官是能听懂的。听了 B 和 C 的话之后，这位法官马上断定：B 无罪，C 是盗窃犯。

请问，这位聪明的法官为什么能根据B和C的回答，作出这样的判断？A 是不是盗窃犯？

229．三个问题

有甲、乙、丙三个精灵，其中一个只说真话；另外一个只说假话；还有一个随机地决定何时说真话，何时说假话。你可以向这三个精灵提问三个是非题，并根据他们的答案找出谁说真话，谁说假话，谁是随机答话。

你每次可以选择任何一个精灵问话，问的问题可以取决于上一题的答案。这个题困难的地方是这些精灵会以"Da"或"Ja"回答，但你并不知道它们的意思，只知道其中一个字代表"对"，另一个字代表"错"。

请问，你应该问哪三个问题呢？

230．该释放谁

有一个侦探逮捕了 5 个嫌疑犯 A、B、C、D、E，这 5 个人供出的作案地点有出入。进一步审讯他们之后，他们分别提出了如下的申明。

A："5 个人当中有 1 个人说谎。"

B："5 个人当中有 2 个人说谎。"

C："5 个人当中的 3 个人说谎。"

D："5 个人当中有 4 个人说谎。"

E："5 个人全说谎。"

只能释放说真话的人，那么请问，该释放哪几个人呢？

231．零用钱

悦悦每周会从妈妈那里拿到 10 元的零花钱，但是这周不到 3 天她就把自己的零花钱用完了，只好觍着脸跟妈妈要。妈妈说："那你去隔壁屋里待 5 分钟再回来。"5 分钟后，悦悦看到妈妈面前摆了 3 只碗，第一只碗上写着："这只碗里没有钱。"第二只碗上写着："钱在第一只碗里。"第三只碗上写着："反正我这里没钱。"妈妈说："我把钱放到其中一只碗里了，你只有一次掀开碗的机会，如果你正好掀开的是有钱的碗，那这些钱就是你的零花钱。提示你一下，我写的三句话中只有一句话是真的。"

请问，如果你是悦悦，会掀开哪只碗呢？

232．丙会如何回答

某地发生了一次银行抢劫案，警察抓到了三个犯罪嫌疑人。这三个犯罪嫌疑人之间非常清楚每个人做了什么、没有做什么。而且这三个犯罪嫌疑人里确实有人作了案，当然也可能有人没有作案。

在第一次审讯中，三个人都做了一些交代。接着，警察又一次向他们确认是否其中有人说谎。

现在我们知道，一个人如果说谎，那么他将会一直说谎；一个人如果说实话，他会一直说实话。

警察最后一次向他们求证时，他们做出了如下回答。

警察问甲："乙在说谎吗？"

甲回答说："不，乙没有说谎。"

警察问乙："丙在说谎吗？"

乙回答说："是的，丙在说谎。"

那么，如果警察问丙："甲在说谎吗？"

请问，丙会回答什么呢？

233．亲戚关系

有 a、b、c、d、e 五个人，他们相互之间都是亲戚，其中四人每人讲了一个情况，现在已知这四条情况都是真实的。

四人讲的话如下：

(1) b 是我父亲的兄弟；

(2) e 是我的岳母；

(3) c 是我女婿的兄弟；

(4) a 是我兄弟的妻子。

上面提到的每个人都是这五个人中的一个。

例如，(1) 中"我父亲"和"我父亲的兄弟"都是 a、b、c、d、e 五人中的一个。

请问，由此可以推出下面的判断正确的是（　　　）。

A．a 和 d 是兄弟关系

B．a 是 b 的妻子

C．e 是 c 的岳母

D．d 是 b 的子女

234．完美岛上的部落

完美岛上有两个部落，其中一个叫诚实部落（总讲真话），另一个叫说谎部落（从不讲真话）。一个诚实部落的人同一个说谎部落的人结了婚，这段婚姻非常美满，夫妻双方在多年的生活中受到了对方性格的影响。诚实部落的人已习惯于每连续讲三句真话就要讲一句假话，而说谎部落的人则已习惯于每连续讲三句假话就要讲一句真话。他们生下了一个儿子，这个孩子当然具有两个部落的性格，即真话假话交替着讲。另外，这一对家长同他们的儿子每人都有个部落号，号码各不相同。他们的名字分别叫阿尔法、贝塔、伽马。三个人各说了

四句话，但却不知道是谁说的。诚实部落的人讲的是一句假话，三句真话；说谎部落的人讲的是一句真话，三句假话；孩子讲的是真假话各两句，并且真假话交替。他们说的内容如下：

A：

(1) 阿尔法的号码是三个人中最大的；

(2) 我过去是诚实部落的；

(3) B 是我的妻子；

（4）我的部落号比 B 的大 22。

B：

（1）A 是我的儿子；

（2）我的名字是阿尔法；

（3）C 的部落号是 54 或 78 或 81；

（4）C 过去是说谎部落的。

C：

（1）贝塔的部落号比伽马的大 10；

（2）A 是我的父亲；

（3）A 的部落号是 66 或 68 或 103；

（4）B 过去是诚实部落的。

请找出 A、B、C 三个人中谁是父亲，谁是母亲，谁是儿子，以及他们各自的名字和他们的部落号。

235．几个骗子

一个小岛上有一个奇怪的部落，部落里有两种人：一种是只说真话的老实人，另一种是只说假话的骗子。一个外地人来到该部落，想知道这个部落里有几个骗子。中午吃饭的时候，全部落的人都围坐在一个大大的餐桌旁，外地人向每个人都问了一个同样的问题："你左边的那个人是不是骗子？"每个人都回答："是。"外地人又问酋长部落里一共有多少人，酋长说有 25 人。回家后，外地人突然想起忘记问酋长是老实人还是骗子，急忙打电话询问。可是酋长不在，是酋长老婆接的，她回答："部落里一共有 36 人，我们酋长是骗子。"

根据上面的情况，请你帮助这个外地人判断一下酋长是不是骗子，这个部落一共有多少人。

236．说谎国与老实国

传说古代有一个"说谎国"和一个"老实国"。老实的人总说真话，而说谎国的人只说假话。

有一天，两个说谎国的人混在老实国人中间，想偷偷进入老实国。

他们俩和一个老实国的人进城的时候，哨兵喝问他们三个人："你们是哪个国家的人？"

甲回答说："我是老实国人。"

乙的声音很轻，哨兵没有听清楚，于是指着乙问丙："他说他是哪一国人，你又是哪一国人？"

丙回答道："他说他是老实国人，我也是老实国人。"

哨兵知道三个人中只有一个是老实国的人，可不知道是谁。面对这样的回答，哨兵应该如何作出分析呢？

237．君子小人村

有一个村子，村子里所有的村民要么只讲真话，要么只讲假话。我们把永远讲真话的人称作"君子",把永远讲假话的人称作"小人",而村子里的村民不是君子就是小人。

一次,有甲、乙、丙三个村民一起站在路口聊天。有个路人经过,他问甲:"你是君子还是小人?"甲答了话,但相当含糊,路人听不清他说了什么,就问乙:"甲说什么?"乙答道:"甲说他是小人。"丙当即说:"别信乙说的,他在撒谎。"请问,乙、丙各是何种人?

如果乙回答:"甲说我们中间有一个君子。"然后丙说:"别信乙的,他在撒谎。"请问,乙、丙各是何种人?

238．谁是小人

有一个村子,村子里所有的村民要么只讲真话,要么只讲假话。我们把永远讲真话的人称作"君子",把永远讲假话的人称作"小人",而村子里的村民不是君子就是小人。

现在有两个村民甲和乙,甲说:"我们当中至少有一个人是小人。"请问,甲、乙是何种人?

假定甲说:"或者我是小人或者乙是君子。"请问,甲、乙是何种人?

假定甲说:"我是小人,乙是君子。"请问,甲、乙是何种人?

239．三个村民

有一个村子,村子里所有的村民要么只讲真话,要么只讲假话。我们把永远讲真话的人称作"君子",把永远讲假话的人称作"小人",而村子里的村民不是君子就是小人。

现在有三个村民甲、乙、丙。甲、乙作了如下的陈述。

甲:"我们全是小人。"

乙:"我们当中恰好有一个是君子。"

甲、乙、丙各是何种人?

假定甲、乙说了如下的话。

甲:"我们全是小人。"

乙:"我们当中恰好有一个是小人。"

请问,你能确定甲、乙、丙各是何种人吗?

240．问的人是谁

有一个村子,村子里所有的村民要么只讲真话,要么只讲假话。我们把永远讲真话的人称作"君子",把永远讲假话的人称作"小人",而村子里的村民不是君子就是小人。

有一个路人经过,碰到两个村民在树下休息。他问其中一个人:"你们当中有君子吧?"路人听了回答后,就知道真正的答案了。

请问,这两个村民各是何种人?路人问的是哪个人?

你们当中有君子吧?

241．回答相同吗

路人继续往前走，迎面走来两个村民甲和乙。路人先问甲："乙是不是君子？"甲做了回答。路人再问乙："甲是不是君子？"乙也做了回答。

请问，甲和乙的回答会相同吗？

242．谁是凡夫

路人继续往前走，来到了另一个村子。这个村子里除了永远讲真话的君子和永远撒谎的小人外，还有时而撒谎时而讲真话的凡夫。

路人在这个村子里遇到了甲、乙、丙三个人，其中有一个君子、一个小人和一个凡夫。他们作了如下的陈述。

甲："我是凡夫。"

乙："甲说的是实话。"

丙："我不是凡夫。"

请问，甲、乙、丙各是何种人？

243．等级关系

路人来到了另一个村子。这个村子里除了永远讲真话的君子和永远撒谎的小人外，还有时而撒谎时而讲真话的凡夫。

在这个村子里，小人等级最低，君子等级最高，凡夫的等级介于两者之间。路人在这个村子里遇到了甲、乙两个人，他们作了如下陈述。

甲："我比乙等级低。"

乙："这不是实话。"

请问，你能确定甲或乙的等级吗？能确定这两个陈述是真是假吗？

244．如何回答

路人在这个村子里遇到了甲、乙、丙三人，其中一个是君子，一个是小人，一个是凡夫。甲、乙作了如下陈述。

甲："乙比丙等级高。"

乙："丙比甲等级高。"

然后有人问丙："甲和乙哪一个等级高呢？"

请问，丙会怎么回答？

245．是同一类人吗

我们来到一个村子，村子里所有的村民要么只讲真话，要么只讲假话。我们把永远讲真话的人称作"君子"，把永远讲假话的人称作"小人"，而村子里的村民不是君子就是小人。

X、Y 两人因涉嫌参与偷盗受审。A、B 是证人，而且非君子即小人。证人们作了如下陈述。

A："如果 X 有罪，Y 也有。"

B："或者 X 无罪或者 Y 有罪。"

请问，A 与 B 是同一类人吗？

246．接受采访

我们来到一个村子，村子里所有的村民要么只讲真话，要么只讲假话。我们把永远讲真话的人称作"君子"，把永远讲假话的人称作"小人"，而村子里的村民不是君子就是小人。

A、B、C 三个村民正接受采访。A 和 B 作了如下陈述。

A："B 是君子。"

B："如果 A 是君子，C 也是。"

请问，能确定 A、B、C 是何种人吗？

247．仓库遭窃案

某仓库被窃。经过侦破，查明作案的人是甲、乙、丙、丁四个人中的一个人。审讯中，四个人的口供如下。

甲："仓库被窃的那一天，我在别的城市，因此我是不可能作案的。"

乙："丁就是罪犯。"

丙："乙是盗窃仓库的罪犯，因为我亲眼看见他那一天进过仓库。"

丁："乙是有意陷害我。"

问题一：现假定这四个人的口供中，只有一个人讲的是真话，那么（　　）。

A．甲是盗窃仓库的罪犯

B．乙是盗窃仓库的罪犯

C．丙是盗窃仓库的罪犯

D．丁是盗窃仓库的罪犯

E．甲、乙、丙、丁都不是盗窃仓库的罪犯

问题二：现假定这四个人的口供中，只有一个人讲的是假话，那么（　　）。

A．甲是盗窃仓库的罪犯

B．乙是盗窃仓库的罪犯

C．丙是盗窃仓库的罪犯

D．丁是盗窃仓库的罪犯

E．甲、乙、丙、丁都不是盗窃仓库的罪犯

248．聪明的仆人

一个员外有一位聪明的仆人，这天仆人无心犯了一个无法弥补的大错。员外念及仆人的功劳不想处罚他，但又担心其他人不服。于是员外想出一个办法，让两个丫鬟每人拿一张纸条，一个纸条上写着"原谅"，另一个纸条上写着"重罚"。而这两个丫鬟一个说真话，一个说假话，而且她们都知道自己手中的纸条写着什么。仆人只能问其中一个丫鬟一

个问题,来询问哪个是免于处罚的纸条。

请问,你知道仆人是怎样问的吗?

249．谁打碎了花瓶

幼儿园有 6 个小朋友,一天,老师走进教室时,发现花瓶被打碎了。于是问 6 个小朋友是谁打碎的花瓶。

小一:"是小六打碎的。"

小二:"小一说得对。"

小三:"小一、小二和我都没有打碎花瓶。"

小四:"反正不是我。"

小五:"是小一打碎的花瓶,所以不可能是小二或小三。"

小六:"是我打碎的花瓶,小二是无辜的。"

6 个小朋友都很害怕,所以他们每个人说的话都是假话,那么是谁打碎了花瓶呢(不一定是一个人)?

250．8 名保镖

拿破仑身边有 8 名保镖。一次,有个杀手谋杀拿破仑未遂,在逃跑的时候,8 名保镖都开枪了,杀手被其中一个人的子弹击中,但不知道是谁击中的,下面是他们的谈话。

A:"要么是 H 击中的,要么是 F 击中的。"

B:"如果这颗子弹正好击中杀手的头部,那么是我击中的。"

C:"我可以断定是 G 击中的。"

D:"即使这颗子弹正好击中杀手的头部,也不可能是 B 击中的。"

E:"A 猜错了。"

F:"不会是我击中的,也不是 H 击中的。"

G:"不是 C 击中的。"

H:"A 没有猜错。"

事实上,8 名保镖中有 3 人猜对了。

请问,你知道谁击中了杀手吗?

251．4 个男孩

有 4 个小男孩在一起互相吹捧。

甲:"4 个人中,乙最帅。"

乙:"4 个人中,丙最帅。"

丙:"我不是最帅的。"

丁:"甲比我帅,丙比甲帅。"

已知,其中只有一个人在说假话。

请问,4 个人中谁最帅?从最帅到最不帅的顺序怎么排列?

甲:乙最帅

乙:丙最帅

丙:我不是最帅的

丁:甲比我帅,丙比甲帅

252．4个人的口供

某珠宝店发生盗窃案，抓到了甲、乙、丙、丁4个犯罪嫌疑人。下面是4个人的口供。

甲说："是乙做的。"

乙说："是甲做的。"

丙说："反正不是我。"

丁说："肯定是我们4个人中的某个人做的。"

事实证明，这4个人的口供中只有一句是真话，那么请问，谁是作案者呢？

253．中毒身亡

4个男人在一家饭店的包厢里用餐，他们围坐在一张正方形桌子旁边。其中的A先生突然中毒身亡，B、C、D3个人的妻子也目击了这一幕。警察找来3位妻子进行讯问，她们每人作了如下的两条供词。

B的妻子：

B坐在C的旁边；不是C就是D坐在B的右侧。

C的妻子：

C坐在D的旁边；不是B就是D坐在A的右侧，他不可能毒死A。

D的妻子：

D坐在A的旁边；如果我们当中只有一个人说谎，那她就是凶手的妻子。

警察经过调查得知：

3个人当中只有一个人说了谎话。

请问，究竟谁是凶手？

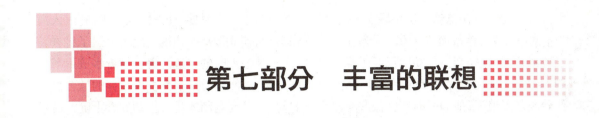

第七部分　丰富的联想

254．包公破案

北宋年间，有个才女效仿当年的苏小妹，在新婚当日，出题目试探新郎的学问。出的题目为对"等灯登阁各攻书"的下联。新郎拿着对联的上半句，冥思苦想，又到学馆与同窗一起研究还是没有结果。他一气之下，在新婚之夜没有回家，躲在学馆内彻夜研读。

第二天，妻子来找他，问他怎么一大早就跑学馆来了。新郎说自己没有对出下联，没脸入洞房。女子大惊："昨晚你不是对上了吗？"

"哪有，我在学馆研究了一整夜，也没有找到答案！"新郎说道。

女子面如土色，悔不当初。原来，她被别人钻了空子，失去了贞操。女子不甘受辱，当晚就悬梁自尽了。

官府的人不愿麻烦，只是按自杀案处理。此事惊动了开封府的包拯，他看完卷宗，发现疑点重重，于是派人明察暗访，终于了解到了冤情。经过一番思索，包拯想出了一个妙计，一举将那个骗奸的真凶抓获。

你知道包公是怎么破了这个案子的吗？

255．假币

小明的妈妈在早市卖水果，这天很早就回到了家。"今天的生意特别好，快来看看我今天的收获。"小明跑了过去，接过妈妈拿出来的一沓人民币开始数起来。数着数着，小明突然发现一张一百元的人民币是假币。假币和真币很像，就是颜色要比真币浓重一些。妈妈接过假币一看，直拍脑袋："我怎么就没有注意到呢！"

"这里百元的钞票只有 6 张，你仔细想想到底是谁给了你这张假币？"小明提醒妈妈道。

"今天用百元钞票买水果的人一共有 3 位，因为都是大客户，所以我记得很清楚。第一位是个年轻姑娘，买了个 188 元的果篮，给了我两张一百元的；第二位是个中年男子，买了两箱价值 298 元的进口水果，给了我 3 张一百元的；第三位是一个 20 多岁的小伙子，买了120 元的热带水果，给了我一张一百元的和一些零钱。"妈妈认真回忆道。

"我知道了，一定是那个 20 多岁的小伙子给你的假币！"小明马上断定说。

你知道小明为什么这么说吗？

256．辨认抢劫犯

一天，警察正在巡逻，突然听到河边有人呼救，警察立即赶了过去。只见一个蒙面男子手持一把尖刀正在抢劫一位年轻女士的财物。当警察赶到的时候，劫匪已经得手，并潜入河中向对岸逃去。警察简单向女士了解了一下受伤情况，便立即从旁边的一座桥上追了过去。当警察赶到对岸的时候，劫匪已经不见了，只留下一排逃走时的水迹。警察循着水迹追了大约10分钟，来到一片废弃的屋舍前，水迹也模糊起来。经过调查，警察发现废弃的屋舍里只住着两名流浪汉，他们平时都会做些小偷小摸的勾当，可究竟刚才是谁抢劫的女士呢？警察向两位流浪汉讯问。流浪汉甲正在屋子里看书，他剃了一个光头，穿着一身睡衣。听说有抢劫案，他马上辩解说："我从昨晚开始一直都在家里，从没出去过。倒是隔壁的那个家伙，我听到他才从外面回来，一定是他做的。"

说着他还自告奋勇地带着警察来到了隔壁流浪汉乙的房间。只见他正在睡觉，房间一个角落的盆里泡着一盆脏衣服。流浪汉甲一把揪起流浪汉乙："你还装睡，抢劫犯一定是你，看，你那盆衣服就让你原形毕露了！"

这起抢劫案究竟是谁干的呢？

257．谁是受害者

一个人骑车去银行存钱，刚走出银行大门，就发现自己的车被偷了。关于这件事，受害者、嫌疑人、目击者和警察各有说法。他们的说法如果是关于受害者的就是假的，如果是关于其他人的就是真的。

甲说："乙不是嫌疑人。"

乙说："丁不是目击者。"

丙说："甲不是警察。"

丁说："乙不是目击者。"

请根据4个人的说法判定他们谁是受害者？

258．细心的保安

博物馆正在展出一位大师的画作，恰巧赶上周末，天气也很晴朗，有很多人前来参观。一个女贼手里拿着一把遮阳伞混了进去，并趁人不注意躲在了展厅角落里的洗手间里。等到闭馆后，展厅里空无一人时，女贼轻手轻脚地出来，从伞柄中取出了一幅赝品画作，并把真品卷好藏在了伞柄中。恰巧此时外面下起了大雨，风雨声掩盖了盗贼盗窃的声音，她的这一行动没有引起任何人的注意。女贼照例再次藏在了洗手间里。

第二天早上，雨还在下，前来参观的人却没有少多少。女贼趁人不注意溜出洗手间，拿着自己的雨伞准备神不知鬼不觉地离开博物馆，却被门口的保安拦住了，带到了保安室。经过一番搜查，保安找到了被偷的画作。

你知道这名细心的保安是如何发现女贼破绽的吗？

259．开玩笑

星期天，阿飞骑着自行车去公园玩。公园里有很多孩子，有的在放风筝，有的在玩滑板，有的在捉迷藏……突然阿飞觉得肚子不舒服，就用钢圈锁锁住车子的前轮，自己进了厕所。

过了5分钟他出来以后，却发现自己的自行车不见了，旁边玩耍的孩子笑嘻嘻地看着他,他知道一定是这些孩子中某个人的恶作剧。

你知道是哪个孩子做的吗？他是如何做到的呢？

260. 中毒还是谋杀

一位经常在野外实地考察的地质学教授带着一位研究生助手去一片大草原上进行考察,两天后,学生报案说教授发生意外死了。警察来到案发现场查看,发现附近比较空旷,只有一株比较高大的树。教授死于搭在大树下的帐篷里,身边有一个小的酒精炉,像是在煮蘑菇。初步断定教授是食用了毒蘑菇死亡的。

但是警察却断定这名学生有嫌疑,你知道他的依据是什么吗？

261. 绑架设想

有一个小伙子,不知道从什么途径搞到了一本小册子,这本小册子异想天开地提出了一个成功绑架设想,小伙子看后热血沸腾,冲动之下就选定了绑匪这个注定没有前途的职业。

接着,新成为绑匪的小伙子开始行动了,他选定了一户看起来很有钱的家庭,而且这户家庭的两个大人都是做生意的,常常只留一个小孩在家,这简直是绑架的极佳对象。

新绑匪几乎没费多大力气就成功地将小孩绑了出来。接下来才是最关键的,那就是打电话给家长,向他们要钱,这一环节也最容易出问题,因为小孩家长一旦发现小孩不见了,有很大的可能是报警,所以电话很有可能正在被警察监听,一个不小心,就有可能被警察顺藤摸瓜地抓到。

于是,新绑匪选择使用公用电话,这样比较保险,即使警察定位了电话位置,新绑匪打完电话后也早已转移。

在电话中,新绑匪索要了 100 万元的赎金,要求家长装在一个大包中,然后去订指定车次的长途火车票,家长坐上火车后再等他电话。

是的,这便是那个小册子中提出的奇妙想法,因为在整个绑架过程中,怎样取到钱才是最难的,毕竟总得交代一个放钱的地点,总得有人去取,于是,警察经常采取守株待兔的方法将绑匪捕获；或者绑匪找一个无关的人去拿钱,警察没抓到绑匪,绑匪也没拿到钱。

现在问题可以解决了,因为火车一般路线较长而且难以实施全路段监控,经常会路过荒僻地段,只要等火车走到类似于这样的地段,新绑匪打个电话让家长在看到某种标志(如某电线杆子)后,把装钱的包扔出窗外,家长报警后,警察再赶到现场,相信也已经过了很长时间了,绑匪早已把钱拿走,逃之夭夭了。把取钱的地点从固定变成非固定的,这就是这本小册子的核心设想。

新绑匪事实上也是这么做的,当他拿到那一大包钱时,本以为万无一失了。然而不久,他就被逮捕了！

请问这是怎么回事,不是采用了万无一失的策略吗？

262．骗保险金

一天，一个邮票爱好者报警说，自己的一张价值连城的邮票被盗了。警察马上赶到了报案人的家中，只见房屋的大门和放邮票的玻璃展柜门都有被撬开的痕迹。失主告诉警察，自己外出回来，就发现屋子的门被撬开，自己最珍贵的一枚邮票不见了。说着指了指邮票展柜中一个空位说，那枚价值连城的邮票原来就放在那里。

"你的其他邮票也很珍贵嘛！"警察说道。

"只是我丢的那枚更值钱，我投了100万元的保险呢！"

"你要和我们去一趟警察局，我怀疑你想骗取保险金。"警察说。

你知道警察的判断依据是什么吗？

263．百密一疏

某富翁得知有警察要来调查自己的非法资产，就将自己大部分的财产装在一个密闭的铝合金大箱子里，用自己的私人飞机运到海上，藏在了一个秘密的海底位置，打算在事情结束之后再想办法打捞出来。

看来一切毫无破绽，又没有任何人看到，警察还是找到了他藏匿赃款的地方，这是为什么呢？

264．密室盗宝

一个富翁收藏了一颗价值连城的钻石。有一天，一名强盗给他寄了封信，内容是："今晚12点左右，我要把你的钻石偷走。"富翁看到这封信后很害怕，立刻报了警，警察决定在富翁家进行监视。富翁把钻石放到盒子里，然后把钻石和盒子一起放到自己家的一个密室里，这个密室除了一个石门外，没有其他路能进去。警察就在石门外守着。等到过了12点刚刚5分钟，就有个信差送来一封信，上面写着："我已经拿到想要的钻石了。"警察赶忙打开密室，发现盒子还在，钻石已经不翼而飞了，这到底是怎么回事呢？

265. 检验毒酒

一个国王有 1000 瓶红酒，并打算在他 60 岁大寿时打开来喝。不幸的是，其中一瓶红酒被人下了毒，凡是沾到红酒的人大约 20 小时后会有异样并马上死亡（只沾到一滴也会死）。由于国王的大寿就在明天（假设离宴会开始只有 24 小时的时间），就算有一丁点儿的可能性国王也不想冒险，他要在宴会之前把有毒的酒找出来，所以，国王就吩咐侍卫用监牢里的死刑犯来检验酒。请问最少需要多少个死刑犯才能检验出毒酒呢？

266. 被小孩子问倒了

上大学时，我去一位教授家拜访。教授有两个孙子，一个六岁，一个八岁。我经常给那两个孩子讲故事。

一次，我吓唬他们说："我会一句魔法咒语，能把你们全变成小猫哦。"

没想到他俩一点也不怕，反而很感兴趣地说："好啊，把我们变成小猫吧。"

我只好支吾道："可是……变成小猫后就没法变回来了。"

小的那个孩子还是不依不饶："没关系的，反正我要你把我们变成小猫。"

大的那个孩子说道："那你把这句咒语教给我们吧。"

我答道："如果我要告诉你们咒语是什么，我就把它念出声了，你们就变成小猫了。而且不光是你们两个会变成小猫，所有听到的人都会变成小猫，连我自己也不例外。"

小的那个孩子说："那可以写在纸上嘛！"

我答道："不行，不行，就算只是把咒语写出来，看到的人也会变成小猫的。"

他们似乎信以为真，想了一会儿觉得没意思了就去玩别的了。

如果你是这个孩子，你会怎么反驳我呢？

267. 我撒谎了吗

大学快要毕业的时候，我在外面四处投简历求职。有家公司的销售部门给了我一个面试机会。面试的时候他们向我提了很多问题，其中有一个是："你反感偶尔撒一点谎吗？"

说实话，我当时是反感的，可是转念一想，如果我照实回答"反感"的话，这份工作肯定就丢了，所以我撒了个谎，说了声"不"。

面试完后，在骑车回学校的路上，我回想面试时的表现，忽然扪心自问："我对当时回答面试官的那句谎话反感吗？"我的回答是"不反感"。既然我对那句谎话并不反感，说明我不是对一切谎话都反感,因此面试那会儿我答的"不"并不是谎话,反而是真话!

事到如今,我还是不太清楚当时算不算撒了谎。

你说我到底有没有撒谎呢?

268．第一现场

寒冬的夜晚,有位出诊的内科医生被狂奔的四轮马车撞死了。带着七分酒意的马夫,恐怕邻近的警察发现,于是就把医生的尸体和药箱搬到了马车上,然后快马加鞭地赶回家,把尸体和药箱藏在小屋里,放在了火炉边上待了一夜。第二天凌晨,肇事者把尸体和药箱用马车装载,丢到荒郊的池塘里,并精心造成失足落水的假象。

尸体被发现后,警察到现场验尸,当他检视完水肿、变形的尸体及药箱后,直截了当地断定说:"这里不是第一现场,这具尸体被移动过,也就是说这起案件是他杀,而不是意外。"

警察根本没有解剖尸体,那么他到底是怎么看出真相的呢?

269．锦囊妙计

小刘从乡下到城里打工,虽然自认为很聪明,但是找的几个用人单位都觉得他学历不够,不肯录用他。他在城里待了几天,钱都花光了。他听人说一个饭店的老板很爱逻辑学,就想去碰碰运气,看能不能免费吃一顿饭。到了饭店的时候,正好赶上老板有空。

小刘对老板说:"我想问您两个问题,您只能回答'是'或者'不是'。但在正式提问以前,我要同您预先讲好,您一定要听清楚之后再郑重回答,而且两个问题的答案都必须在逻辑上是完全合理的,不能自相矛盾。"

老板好奇地看着小刘,小刘接着说:"如果您同意我的条件,我问完这两个问题,您会心甘情愿地请我吃顿饭的。"

老板挺有兴趣,就答应了他的要求。

结果,不但老板心甘情愿地请小刘吃了顿饭,还让他在自己的饭店里工作了。你知道小刘的两个问题是什么吗?

270．司机去哪里了

一天夜里,在一辆运货的蒸汽机车上,副驾驶员向列车长报告说:"不好了,刚才山本司机跳车逃走了。"

列车长大吃一惊,马上报警。警察沿着铁路线寻找,却没有发现任何痕迹。这究竟是怎么回事?司机为什么凭空消失了?

271．选择箱子

一天,一个从外层空间来的超级生物欧米加在地球着陆。

欧米加搞出一个设备来研究人类的大脑。欧米加用两个大箱子检验了很多人。箱子 A 是透明的,总是装着 1000 美元;箱子 B 不透明,它要么装着 100 万美元,要么空着。

欧米加告诉每一个受试者:"你有两种选择,一种是你拿走两个箱子,可以获得其中的东西。可是,当我预测到你这样做时,我就让箱子 B 空着,你就只能得到 1000 美元。另一种选择是只拿箱子 B。如果我预测到你这样做时,我就放进箱子 B 中 100 万美元,你就能得到全部款项。"

说完，欧米加就离开了，留下了两个箱子供人选择。

一个男人决定只拿箱子 B。他的理由是：我已看见欧米加尝试了几百次，每次他都预测对了。凡是拿两个箱子的人，只能得到 1000 美元，所以我只拿箱子 B，就会变成百万富翁。

一个女孩决定要拿两个箱子，她的理由是：欧米加已经做完了他的预言并已离开，箱子不会再变了。如果箱子 B 是空的，那它还是空的；如果它是有钱的，它还是有钱。所以我拿两个箱子，就可以得到里面所有的钱。

你认为谁的决定更好？两种看法不可能都对，哪一种错了？为何错了？

272．探险家的位置

有位探险家在一个地方插了一杆旗，然后他从这杆旗出发往南走 100 米，再往东走 100 米，这时他发现那杆旗在他的正北方。

请问，这位探险家把旗插在了地球的哪个位置？

273．金属棒上的图书馆

某一天，外星人来到了地球。他们和人类进行了和平友好的交流，教会了我们很多新的科学和技术。在他们准备要离开的时候，地球方面的代表提出把地球上所有图书馆里的藏书作为礼物送给外星人："虽然我们的科学技术没有你们发达，但是这些书里记录了我们所有的文化，你们感兴趣就带走吧。"

外星人回答道："这些书是你们地球人几千年来的积累，我们带走不太合适，而且我们的飞船也装不下这么多的书。不过，我们确实对你们的文明很感兴趣，想把这些书的内容复制下来回去好好研究。"

地球代表忙说："我们可以把书的内容扫描下来，刻录成光盘给你们，这样重量会减轻很多。"

外星人说："不用麻烦，我们只需要一根 1 厘米长的金属棒，就可以把你们所有书的内容复制下来了。"

你知道这个外星人是如何做到的吗？

274．扑克牌的顺序

大家都知道一副扑克牌一共有 54 张，其中有 2 张王牌，其余的 52 张牌则分为红桃、方块、梅花、黑桃四种花色，每种花色各 13 张。

我们取这样一副扑克牌，去掉其中的 2 张王牌，然后给剩下的 52 张牌编号，号码从 1 编到 52。

这样，在初始状态下，这 52 张牌是 1 号在最下面，2 号在下数第 2 张的位置，3 号在下数第 3 张的位置……第 52 号则在最上面。

现在我开始洗牌。假如我洗牌的技术一流，每次都会把这副牌平均分成 26/26 两手，而且每次洗下来的牌都是左右各一张相间而下。（每次洗牌都先让编号为 1 的牌最先落下）

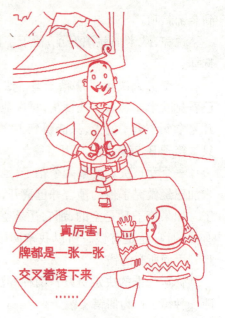

这样，第一次洗完牌之后，这副牌的状态变为 1，27，2，28，3，29，…，26，52。

请问，按照上面的洗牌规则，我一共需要洗几次牌，才能使这副牌又重新回到初始状态（即 1，2，3，4，…，51，52 从下到上排列）？

275. 盗窃案

一名中国富翁在美国度假期间邀请了 10 个十分机智的人到他的中国豪宅去度假，另外也是想让他们帮自己看几天家。这 10 个人分为三类，分别是小偷、平民、警察。小偷只能识别平民，平民只能识别警察，而警察识别不了其他人的身份。他们相互间不能揭发身份或自暴身份，但是只有当警察抓住小偷时才能自暴身份。每个小偷一天偷一次。小偷和平民都可以写匿名检举信。如果小偷对同类施行盗窃，被盗的小偷发现物品被偷不会喊叫；如果被偷的是平民，当他发现物品被偷一定会喊叫；如果被盗的是警察，警察会当场击毙该小偷。他们分别住在二楼共用一条走廊的 10 个单人房里。房门号是房主的姓，每个房门外的右边的墙上各有一个带锁的邮箱。他们每个人都有一把自己邮箱的钥匙。每天 6：00，报童在 10 个邮箱里各放一份报纸。

房间排列如下表所示。

孔	张	赵	董	王
李	林	徐	许	陈

第一天，9：00 刚起床的 10 个人各自在房里看完报纸后，11：00 在一楼客厅里相互介绍了自己的名字后便做自己的事去了。这一天没有平民的叫喊声和警察的枪声。

第二天，与第一天一样。一位警察仍然 9：00 起床并拿出自己邮箱里的报纸后走回自己的房间，他正在看报纸，突然听见 4 个人的喊叫声。然后 10 个人都集合在走廊上，并相互认识了被盗的 4 个人。之后，这位警察回到自己的房间思考案情：自己住在陈姓房，而张姓、王姓、李姓和徐姓房被盗。

第三天，心里烦躁的警察 6：00 就起床去拿报纸。打开邮箱，却发现邮箱里除了一份当天的报纸外还有 5 封匿名检举信，警察赶紧回到房间内把信摊开在桌子上，发现这 5 封信是由 5 个人分别写的。第一封信的内容是：董、许、林、孔。第二封信的内容是：林、董、赵、许。第三封信的内容是：孔、许、赵、董。第四封信的内容是：赵、董、孔、林。第五封信的内容是：许、孔、林、赵。警察想了一会，突然抓起这5封信冲了出去，抓住了正在睡觉的几个小偷，可他们并不承认。当警察拿出证据时，他们就分别说出了自己藏在离豪宅不远位置的赃物。

如果你是这位警察，你是如何破解的这个谜案？

276．聪明程度

1987 年的某一天，伦敦《金融时报》刊登了一个很怪异的竞赛广告，这个广告要求参与者寄回一个 0 ~ 100 的整数，获胜条件是你选择的这个数最接近全体参与者寄回的所有数的平均值的 2/3，获胜者将获得两张伦敦到纽约的飞机头等舱的往返机票。

如果你是这个竞赛的参与者，你会选哪个数呢？

277．丢失的钻石

住在城堡顶层的公主有一颗美丽的钻石。一天，公主把它放在窗子边的桌子上就下楼去玩。过了一会儿，等公主回到房间后发现钻石不翼而飞。过了几天，一位花匠在城堡后面的花园中打死了一条蛇，在蛇肚子里发现了这颗钻石。可是蛇是不可能爬那么高进入公主房间的，丢失钻石的期间又没有人进过公主的房间。

你知道钻石是怎么跑到蛇的肚子里的吗？

278．勇士救公主

有个美丽的公主被巨龙困在远方的城堡里，假如你要去城堡把公主解救出来。

首先，你来到一个村子，想找个人做你的同伴。你知道这个村子里不是永远讲真话的君子，便是永远讲假话的小人。另外，有一部分村民其实是妖怪，他们也分为君子和小人。

你遇到了村民甲、乙、丙，这三个人里边有一个其实是妖怪，他们三个人各说了一句话。

甲："丙其实是妖怪。"

乙："反正我不是妖怪。"

丙："我们当中至少有两个是小人。"

你想在这三个人里面挑个旅伴，但你也不想半夜被妖怪吃掉，所以不管是不是君子，只要不是妖怪就可以，你应该挑谁？

三个人说了下面几句话。

甲："我是妖怪。"

乙："我是妖怪。"

丙："我们当中最多有一个君子。"

你能弄清楚他们谁是君子、谁是小人、谁是妖怪吗？

279. 进入女儿国

杰森来到了女儿国,女儿国的公主想让他留下来做她们的国王,但他是一个专情的人,只想去救出困在远方城堡里的文丽公主,他得想办法让女儿国的公主放他走。女儿国里民风淳朴,她们认为一个人要么是永远撒谎的小人,要么是永远说真话的君子。

现在杰森知道女儿国的公主喜欢君子,不喜欢小人,而且她喜欢穷人,讨厌有钱人。现在怎么能只说一句话就让女儿国的公主相信杰森是她最讨厌的富小人呢?

假设女儿国的公主最讨厌的是有钱君子,是否能用一句话就让她相信杰森是有钱君子呢?

280. 巧妙的提问

假设杰森意志不够坚定,被女儿国的公主的美色和国王的权力吸引,犹豫着要不要留下来。最后杰森决定如果女儿国的公主是君子就留下来,因为杰森不喜欢永远说假话的小人。但是女儿国有一条严格的规定,任何男性都不准主动和没有血缘关系的女性交谈,所以杰森只能去问女儿国国王,国王同意了杰森的请求,但只允许杰森提一个问题,而且他也只会用"是"或"不是"回答杰森。

为了知道女儿国的公主是君子还是小人,杰森该怎么问国王呢?

281. 说服巨龙

历经千辛万苦,杰森终于进入了文丽公主被困的城堡,却遇到了守护着文丽公主的巨龙。

巨龙并不想和杰森战斗,但是它提出了一个要求:只要杰森不是个凡夫就可以带走文丽公主。因为凡夫反复无常,一点也靠不住。现在假设杰森确实不是凡夫,他该怎样说服巨龙相信自己呢?

现在假设巨龙的条件反了过来,杰森必须是凡夫才能带走文丽公主,杰森又该怎么说服巨龙相信他自己是个凡夫呢?

假设巨龙仍然要求只有凡夫才能带走文丽公主,而杰森也确实是个凡夫。巨龙要求杰森只能说一句话来证明自己是凡夫,而且不能让巨龙推理出这句话是真话还是假话,杰森该怎么说呢?

282. 理发师悖论

20世纪初,大数学家罗素提出的"罗素悖论"震动了整个数学界,并触发了"第三次数学危机"。后来罗素把数学公式化的"罗素悖论"改编成通俗的"理发师悖论",所以现在很多介绍悖论的书都会从这个故事开始。这个悖论内容如下。

有个小镇里有一位理发师,镇长规定:凡不给自己理发的镇民,必须让这位理发师理发;凡自己理发的镇民,理发师不能给他们理发。这位理发师的生意因此而红火起来。有一天,他看到镜子里的自己头发已经很长了,本能地抓起剪刀想给自己理发,突然想起了镇长的规定:如果他给自己理发,他就违反了规定,因为他这是在给"自己理发的"人理发;如果他找别人理发,他又违反了规定,因为这样他就是"不给自己理发的"人应该让自己来理发。

请问，他到底该怎么办呢？

283．电梯

第二次世界大战期间，德国占领了法国巴黎。在一家旅馆内，四名客人乘坐同一部电梯，其中有一名身穿军服的纳粹军官，一位法国的爱国青年，一个漂亮的姑娘，还有一位老妇人。突然，电梯发生故障停了下来，灯也熄灭了。电梯里黑漆漆的什么都看不见。这时只听到一声接吻声，紧接着是一巴掌打在人脸上的声音。过了一会儿电梯恢复了运行，灯也亮了，只见那名纳粹军官的脸上出现了一块明显的被打过的痕迹。

老妇人心想："真是活该，欺负女孩子就应该有这种报应。"

姑娘心想："这个人真奇怪，他没有吻我，想必吻的是那个老太太或者是那个小伙子。"

纳粹军官心里却在想："到底是怎么回事？我什么都没做，可能那个小伙子亲了姑娘，而姑娘却错打了我。"

只有那名法国青年对电梯里发生的一切了如指掌。你知道到底发生什么了吗？

284．找出重球

一个钢球厂生产钢球，其中一批货物中出现了一点差错，使得 8 个球中有一个略微重一些。找出这个重球的唯一方法是将两个球放在天平上对比。请问最少要称多少次才能找出这个较重的球？

285．不合格的钢球

一家工厂生产钢球，合格的产品要求所有钢球完全一样重。但是有一天生产了 12 个钢球，工程师发现机器出了点毛病，使这 12 个钢球中的一个与正常的钢球质量有了偏差，可能偏轻也可能偏重。

现在需要将这个不合格的产品挑出来，但是只有一个天平，没有任何砝码和刻度，只能确认两个托盘里的物品是否平衡，而量不出重量。

请问你可不可以用这个天平只称 3 次就找到那个不合格的钢球呢？

286．我被骗了吗

在上小学的时候有件事情使我困惑了很久，并让我从此迷上了逻辑。那天一大早哥哥就过来和我说："弟弟，今天我要好好骗你一回，做好准备吧，哈哈。"

我从小就争强好胜，所以那一整天我都提防着他，不想被他成功骗到。但是直到那天晚上要睡觉了，哥哥都没有再和我说过一句话，更别说骗我了。妈妈看我还不睡，就问我原因。

我把早上的事情说了一遍，妈妈就把哥哥叫来说："你就别让弟弟等着不睡觉了，赶快骗一下他吧。"

哥哥回过头问我："你一整天都在等着我骗你吗？"

我："是啊。"

他："可我没骗你吧？"

我："是啊。"

他："哈哈，其实我已经把你给骗了。"

那天晚上我在自己的床上翻来覆去想了很久，我到底有没有被骗呢？

287．被杀的鸵鸟

某动物园从非洲进口了一批鸵鸟，可是没想到第二天人们便发现这些鸵鸟被人杀死了，而且还将尸体刨开了。

请问是谁这么残忍呢？这些鸵鸟为什么会被杀呢？

288．不要娶妖怪

现在假设女儿国里除了永远讲真话的君子和永远讲假话的小人外，还有时而撒谎、时而讲真话的凡夫，公主也变成了三姐妹甲、乙、丙任杰森挑选。杰森知道三个公主中一个是君子，一个是小人，还有一个是凡夫，杰森还知道那个凡夫其实是妖怪。虽然杰森不喜欢小人，但他更不想娶一个妖怪。现在允许杰森从三个公主里任选一个，向她提出一个问题，不过被挑选的公主必须只用"是"或"不是"作答。

杰森该怎么问才能避免娶到妖怪呢？

289．离奇的凶杀案

杰森终于摆脱了女儿国公主的纠缠，来到一个小岛上。这个小岛上的居民也分成永远说真话的君子、永远说假话的小人、有时说真话有时说假话的凡夫三种。不巧的是，就在杰森来到岛上的第二天，岛上发生了一起离奇的凶杀案，警官就来找杰森问话，而且他只允许杰森用一句话来替自己申辩。

假设警方已经知道凶手是小人，杰森该怎么说才能让警察相信他无罪呢？

第八部分　智慧大推理

290．分析罪犯

1940 年 11 月 16 日，纽约爱迪生公司大楼一个窗沿上发现了一个土炸弹，并附有署名 F.P 的纸条，上面写着：爱迪生公司的骗子们，这是给你们的炸弹！

这种威胁活动越来越频繁，越来越猖狂。1955 年竟然放上了 52 颗炸弹，并炸响了 32 颗。对此报界连篇报道，并抨击此行动性质的恶劣，要求警方给予侦破。

纽约市警方历时 16 年进行侦破，尽管煞费苦心，但收获甚微。所幸找到了几张字迹清秀的威胁信，字母都是大写，F.P 写道：我正为自己的病怨恨爱迪生公司，要使它后悔自己的卑鄙行径，为此，会不惜代价将炸弹放进剧院和公司的大楼，等等。

警方请来了犯罪心理学家布鲁塞尔博士。博士依据心理学常识，应用层层剥笋的思维技巧，在警方掌握材料的基础上进行分析推理，很快就找到了罪犯。

你知道他是如何推理的吗？

291．日本人巧探大庆油田

大庆油田是我国在 20 世纪 60 年代勘探、开发的一个大油田，当时，绝大多数中国人都不知道大庆油田在哪里，但日本人却对大庆油田了如指掌。

他们没有采取秘密刺探的手段，仅从中国的官方资料上就查明和推算出所需的一切情报。另外，日本人搜集秘密情报的思维方法与常人大不相同，是沿着一条由微见著的思路搜集有用的公开情报信息，这种搜集信息的方式虽然简单易行，但却要求信息分析人员具备较高的思维素质和洞察力，能够迅速分辨哪些信息有用、哪些信息无用；哪些信息是真的，哪些信息是假的。

你知道他们是怎么推理出来的吗？

292．芝加哥需要多少调音师

在一次演讲中，著名物理学家费米向大家提出了这样一个问题："芝加哥需要多少位钢琴调音师？"

对于这种问题，你知道该如何回答吗？

293．一只猫毁了一个指挥部

第一次世界大战期间，法国和德国交战时，法军一个旅的指挥部在前线构筑了一座极其隐蔽的地下指挥部。指挥部的人员深居简出，十分诡秘。不幸的是，他们只注意了人员的隐蔽，而忽略了长官养的一只小猫。德军的侦察人员在观察战场时发现：每天早上八九点

钟左右,都有一只小猫在法军阵地后方的一座土包上晒太阳。

据此,他们判定那个掩蔽点一定是法军的高级指挥所。随后,德军集中 6 个炮兵营的火力,对那里实施猛烈袭击。

事后查明,他们的判断完全正确,这个法军地下指挥所的人员全部阵亡。

你知道他们判断的依据是什么吗?

294.寻求真相

一群人组织去原始森林里打猎。这些人分成了几个小组,每个小组都有一部步话机,如果遇到险情,可以用这部步话机联系在这个地区上空徘徊的直升机求救。

当大家都打猎回来后,发现其中有个小组的所有人员都失踪了。通过努力寻找后,人们在一个山谷里找到了他们的尸体。

请问这些人是怎么遇难的?为什么这些人没有得救?是因为这些人不知道怎样使用步话机吗?或者是因为他们过于惊慌而导致没有想起使用步话机吗?还是因为负责接收步话机信号的直升机驾驶员玩忽职守?或者步话机的信号被山体隔断了?总之在没有进一步调查以前,这些可能都是存在的。

另外,遇到类似的问题时,我们该如何寻求事情的真相呢?

295.指认罪犯

警察叫四个男人排成一行,然后让一位目击者从这四个人中辨认出一个罪犯。目击者寻找的男人长得不高、不白、不瘦,也不漂亮。这一排人有以下情况。

(1)四个男人每人身旁都至少站着一个高个子。

(2)有三个男人的身旁至少站着一个皮肤白皙的人。

(3)有两个男人的身旁至少站着一个骨瘦如柴的人。

(4)有一个男人身旁至少站着一个长相漂亮的人。

(5)这四个男人还有以下特点。第一个皮肤白皙,第二个骨瘦如柴,第三个身高过人,第四个长相漂亮。

(6)没有两个男人具有一个以上的共同特征(即高个、白皙、消瘦、漂亮)。

(7)只有一个男人具有两个以上的寻找特征(即不高、不白、不瘦、不漂亮)。此人便是目击者指认的罪犯。

目击者指认的罪犯是哪一个人呢?

提示:首先,判定在四个人排成的一行中,高个、白皙、消瘦、漂亮者的可能位置;其次,判定每个男人的全部可能特征;最后,挑出只具备高个、白皙、消瘦、漂亮这四个特征中的一个的男人。

296．谁是间谍

国际警察在某飞机场的候机厅发现了3个可疑的人。这3个人中有一个是国际间谍，讲的全是假话；一个是从犯，说起话来真真假假；还有一个是好人，句句话都是真的。在问及他们来自哪里时，得到如下回答。

甲："我来自沙特阿拉伯，乙来自刚果，丙来自墨西哥。"

乙："我来自南非，丙来自荷兰。甲只能问他，他肯定说他来自沙特阿拉伯。"

丙："我来自荷兰，甲来自墨西哥，乙来自刚果。"

请问，谁是永远说假话的国际间谍？

297．政府要员

在一列国际列车的某节车厢内，有A、B、C、D四名不同国籍的旅客，他们身穿不同颜色的西装，坐在同一张桌子的面对面，其中两人靠边坐。已经知道，他们中有一位身穿蓝色西装的旅客是政府要员，并且又知道以下情况。

（1）英国旅客坐在B先生的左侧；

（2）A先生穿褐色西装；

（3）穿黑色西装者坐在德国旅客的右侧；

（4）D先生的对面坐着美国旅客；

（5）俄国旅客身穿灰色西装；

（6）英国旅客把头转向左边，望着窗外。

请找出谁是穿蓝色西装的政府要员。

298．被偷的答案

一天，在迪姆威特教授讲授的一节物理课上，他的物理测验的答案被人偷走了。有机会窃取这份答案的只有阿莫斯、伯特和科布这三名学生。

（1）那天，这个教室里总共上了5节物理课；

（2）阿莫斯只上了其中的两节课；

（3）伯特只上了其中的3节课；

（4）科布只上了其中的4节课；

（5）迪姆威特教授只讲授了其中的3节课；

（6）这三名学生都只上了两节迪姆威特教授讲授的课；

（7）这三名被怀疑的学生出现在这5节课上的组合各不相同；

（8）在迪姆威特教授讲授的一节课上，这三名学生中有两名学生来上课了，另一名学生没有来上课。事实证明来上这节课的那两名学生没有偷取答案。

请问，这三名学生中谁偷了答案呢？

299．4种语言

联合国正在召开一次代表会议,在会议厅里,4位代表围着一张圆桌坐定,侃侃而谈。他们之间的交流一共用到了中文、英文、法文、日文4种不同的语言。

现在已经知道的条件如下。

(1) 甲、乙、丙各会两种语言;

(2) 丁只会一种语言;

(3) 有一种语言4人中有3人都会;

(4) 甲会日语;

(5) 丁不会日语;

(6) 乙不会英语;

(7) 甲与丙不能直接交谈;

(8) 丙与丁不能直接交谈;

(9) 乙与丙可以直接交谈;

(10) 没有人既会日语,又会法语。

请问,甲、乙、丙、丁各会什么语言?

300．未知的数字

一个教逻辑学的教授有3个学生,都非常聪明!

一天教授给他们出了一道题,来测试他们的聪明程度。教授首先在每个人脑门上贴了一张纸条,并告诉他们,每个人的纸条上都写了一个正整数,且某两个数的和等于第三个数!(每个人可以看见另外两个人头上贴的两个数字,但却看不见自己头上贴的数字。)

然后,教授开始问第一个学生:你能猜出自己头上贴的数字是什么吗?

第一个学生回答:"不能。"

教授接着问第二个学生,他回答:"不能。"

接着是第三个,回答还是不能。

教授回头再问第一个,回答:"不能。"

问第二个,回答:"不能。"

问第三个,回答:"我猜出来了,是144!"

教授很满意地笑了。

请问,您能猜出另外两个人头上贴的数是什么吗?并请说出理由。

301．谁说的是对的

A、B、C、D、E、F、G七个人在争论今天是星期几。

A:"今天是星期三。"

B:"不对,后天是星期三。"

C："你们都错了，明天是星期三。"

D："胡说！今天既不是星期一，也不是星期二，更不是星期三。"

E："不对！你弄颠倒了，明天是星期四。"

F："我确信昨天是星期四。"

G："不管怎样，昨天不是星期六。"

他们之中只有一个人讲得对，是哪一个？今天到底是星期几？

302．纸片游戏

甲、乙、丙、丁、戊5个人在玩一个游戏，他们的额头分别贴了一张纸片，纸片分黑色和白色两种。

每个人都知道自己头上纸片的颜色，但是看不到。每个人都可以看到别人头上纸片的颜色。

这时，几个人开始说话，他们是这么表达的。

甲说："我看到3片白色的纸片和1片黑色的纸片。"

乙说："我看到了4片黑色的纸片。"

丙说："我看到了3片黑色的纸片和1片白色的纸片。"

戊说："我看到了4片白色的纸片。"

现在已知头上贴着白色纸片的人说的是真话，头上贴着黑色纸片的人说的是假话。

请问，你能推断出丁头上贴的纸片是什么颜色的吗？

303．令人注目的特点

女儿国国王有3个女儿，这3个女儿都分别有一些令人注目的特点，这些特点包括聪明、漂亮、多才多艺和勤劳能干四种。每个人都具有其中的若干种特点。

现在已经知道：

(1) 恰有两位非常聪明，恰有两位十分漂亮，恰有两位勤劳能干，恰有两位多才多艺；

(2) 每个女儿至多只有3个令人注目的特点；

(3) 对于大女儿来说，如果她非常聪明，那么她也多才多艺；

(4) 对于二女儿和小女儿来说，如果她十分漂亮，那么她也勤劳能干；

(5) 对于大女儿和小女儿来说，如果她多才多艺，那么她也勤劳能干。

请问：哪一位女儿并非多才多艺？

提示：先判定哪几位女儿勤劳能干。

304．额头上的数字

Q先生、S先生和P先生在一起做游戏。

Q先生在两张小纸片上各写一个数,写数的时候没有让S和P两个人看到。这两个数都是正整数,而且它们的差为1。

他把一张纸片贴在S先生额头上,另一张贴在P先生额头上,于是,两个人都只能看见对方额头上贴的数字,而不知道自己额头上贴的数字。

Q先生开始不断地轮流问S先生和P先生:"你们谁能猜到自己头上的数?"

S先生说:"我猜不到。"

P先生说:"我也猜不到。"

S先生又说:"我还是猜不到。"

P先生又说:"我也猜不到。"

S先生仍然猜不到;

P先生也猜不到。

S先生和P先生都已经3次猜不到了。可是,到了第四次,S先生喊起来:"我知道了!"P先生也喊道:"我也知道了!"

请问,S先生和P先生头上各是什么数?

305. 丈夫的忠诚

有一天,阿米莉亚、布伦达、谢里尔和丹尼斯这4位女士去参加聚会。

(1)晚上8点,阿米莉亚和她的丈夫已经到达,这时参加聚会的人数不到100人,正好分成5人一组进行交谈;

(2)到晚上9点,由于8点后只来了布伦达和她的丈夫,人们已改为4人一组在进行交谈;

(3)到晚上10点,由于9点后只来了谢里尔和她的丈夫,人们已改为3人一组在进行交谈;

(4)到晚上11点,由于10点后只来了丹尼斯和她的丈夫,人们已改为两人一组在进行交谈;

(5)上述4位女士中的一位对自己丈夫的忠诚有所怀疑,本来打算先让她丈夫单独来,而她自己则过一个小时再到,但是她后来放弃了这个打算;

(6)如果那位对丈夫的忠诚有所怀疑的女士按本来的打算行事,那么当她丈夫已到而自己还未到时,参加聚会的人们就无法分成人数相等的各个小组进行交谈。

这4位女士中哪一位对自己丈夫的忠诚有所怀疑呢?

306. 宿舍同学

某大学中,甲、乙、丙三人住在同一间宿舍,他们的女朋友A、B、C也都是这所学校的学生。据知情人介绍说:"A的男朋友是乙的好朋友,并在三个男生中最年轻;丙的年龄比C的男朋友大。"依据这些信息,你能推出谁和谁是男女朋友吗?

307．不用找零

两位女士和两位男士走进一家自助餐厅,每人从机器上取下一张如下所示的标价单。

50, 95
45, 90
40, 85
35, 80
30, 75
25, 70
20, 65
15, 60
10, 55

（1）4个人要的是同样的食品,因此他们的标价单被圈出了同样的款额（以美分为单位）；

（2）每人都只带有4枚硬币；

（3）两位女士所带的硬币价值相等,但彼此间没有一枚硬币面值相同；两位男士所带的硬币价值相等,但彼此间也没有一枚硬币面值相同；

（4）每个人都能按照各自标价单上圈出的款额付款,不用找零。

请问,在每张标价单中圈出的是哪一个数目？

注："硬币"可以是1美分、5美分、10美分、25美分、50美分或1美元（合100美分）。

提示：设法找出所有这样的两组硬币（硬币组对）：每组四枚,价值相等,但彼此间没有一枚硬币面值相同,然后从这些组对中判定能付清账目而不用找零的款额。

308．期末加赛题

期末考试,4位学生并列第一。为了排出名次,老师决定加考一题。

老师在一张纸上写了4个数字,对甲、乙、丙、丁4位同学说："你们4位是班上最聪明,最会推理、演算的学生。今天,我出一道题考考你们。我手中的纸条上写了4个数字,这4个数字是1、2、3、4、5、6、7、8中的任意4个。你们先猜猜分别是哪4个数字。"

甲说："2、3、4、5。"

乙说："1、3、4、8。"

丙说："1、2、7、8。"

丁说："1、4、6、7。"

听了4人猜的结果后,老师说："甲和丙两位同学猜对了2个数字,乙和丁同学只猜对了1个数字。"

过了一会儿,甲举起手来,说出了纸条上写的

甲和丙两位同学猜对了2个数字,
乙和丁同学只猜对了1个数字

4 个数字且完全正确。老师高兴地宣布,甲得了第一名。

请问,你知道纸条上写了哪几个数吗?甲是如何推理的?

309．谁需要找零

阿莫斯、伯特、克莱姆、德克 4 个人刚刚在一家餐馆吃完午餐,正在付账。

(1) 这 4 个人每人身上所带的硬币总和各为 1 美元,都是银币,而且枚数相等;

(2) 对于 25 美分的硬币来说,阿莫斯有 3 枚,伯特有两枚,克莱姆有一枚,德克一枚也没有;

(3) 4 个人要付的款额相同。其中 3 个人能如数付清,不必找零,但另一个人却需要找零。

请问,谁需要找零?

注:"银币"是指 5 美分、10 美分、25 美分或 50 美分的硬币。应先判定每个人所带硬币的枚数,然后判定什么款额不能使 4 个人都不用找零。

310．默默无闻的捐助者

某公司有人爱做善事,经常捐款捐物,每次遇到有人需要帮助他都会第一时间伸出援手,而且他每次做完好事都默默无闻,只会留下公司名,从不留人名。

一次该公司收到一封感谢信,要求务必要找出此人,以当面答谢。公司在查找的过程中,听到了以下 6 句话。

(1) 这钱或者是赵风寄的,或者是孙海寄的;

(2) 这钱如果不是王山寄的,就是陈林寄的;

(3) 这钱是李强寄的;

(4) 这钱不是陈林寄的;

(5) 这钱肯定不是李强寄的;

(6) 这钱不是赵风寄的,也不是孙海寄的。

事后证明,这 6 句话中只有两句猜错,其余的人都猜对了。

请根据以上条件,确定谁是那个匿名的捐款人。

311．真正的预言家

瑞西阿斯是古希腊最著名的预言家之一,他有 4 个徒弟 A、B、C、D。

但是,这 4 个徒弟中只有一个人后来真正成了预言家。其余 3 个人,一个当了武士,一个当了医生,一个当了建筑师。

在他们都在跟随瑞西阿斯学习预言的时候,一天,他们 4 个人在一起练习讲预言。

他们每个人分别预言了一件事。

A 预言:"B 无论如何也成不了武士。"

B 预言:"C 将会成为预言家。"

C 预言:"D 不会成为建筑师。"

D 预言:"我会娶到公主。"

可是,事实上他们 4 个人当中,只有一个人的预言是正确的,而也正是这个人后来当上了真正的预言家。

请问,后来这4个徒弟各当了什么?谁成了真正的预言家?

312. 勇敢的猎人

一个勇敢的猎人在森林中打猎时,分别从3只凶猛的野兽口中救出3个孩子。

现在只知道:

(1) 被救出的孩子分别是毛毛、农夫的儿子和从狮子口中救出来的孩子;

(2) 牛牛不是樵夫的儿子,壮壮也不是渔夫的儿子;

(3) 从老虎口中救出来的不是樵夫的儿子;

(4) 从狗熊口中救出来的不是牛牛;

(5) 从老虎口中救出来的不是壮壮。

根据上面的条件,请你说说这3个孩子分别来自哪儿,又分别是从哪种野兽口中救出来的。

313. 结婚、订婚与单身

在一次舞会上,尚未订婚的A先生看到一位女士B单独一人站在酒柜旁边,他很想知道这位女士是单身、订婚还是结婚。

现在知道以下信息。

(1) 参加舞会的总共有19人;

(2) 有7人是单独一人来的,其余的都是一男一女成对来的;

(3) 那些成对来的,要么已经结婚了,要么已相互订婚;

(4) 凡单独前来的女士都是单身;

(5) 凡单独前来的男士都不处于订婚阶段;

(6) 参加舞会的男士中,处于订婚阶段的人数等于已经结婚的人数;

(7) 单独前来的已婚男士的人数,等于单独来的独身男士的人数;

(8) 在参加舞会的已经结婚、处于订婚阶段和独身这三种类型的女士中,B女士属于人数最多的那种类型。

请问,你知道B女士属于哪一种类型吗?

314. 忘记的纪念日

汤姆和杰瑞是一对情侣,他们是在一家健身俱乐部首次相遇并相互认识的。

一天,杰瑞问汤姆他们相识的纪念日是哪一天,可汤姆并没有记住确切的日期。杰瑞有点生气,要求汤姆必须给出准确答案,否则后果不堪设想。

汤姆费尽九牛二虎之力,终于想到了一些有用的信息,或许可以计算出那天具体是什么时候。

他知道的信息如下。

(1) 汤姆是在1月的第一个星期一那天开始去健身俱乐部的,此后汤姆每隔4天

（即第五天）去一次；

（2）杰瑞是在 1 月的第一个星期二那天开始去健身俱乐部的，此后杰瑞每隔 3 天（即第四天）去一次；

（3）在 1 月的 31 天中，只有一天汤姆和杰瑞都去了健身俱乐部，正是那一天他们首次相遇。

根据以上这些条件，你能帮助汤姆算出他们的相识纪念日是 1 月的哪一天吗？

315. 5 名狙击手

刑事局干事历经千辛万苦，总算取得有关 A、B、C、D、E 5 名狙击手的部分情报，再通过仔细分析，旋即找出了 B 狙击手的绰号。其资料如下。

（1）大牛的体型比 E 狙击手壮硕；

（2）D 狙击手是白猴、黑狗的前辈；

（3）B 狙击手总是和白猴一起犯案；

（4）小马哥和大牛是 A 狙击手的徒弟；

（5）白猴的枪法远比 A 狙击手、E 狙击手神准；

（6）虎爷和小马哥都不曾动过 E 狙击手身边的女人。

请问，B 狙击手的绰号是什么？

316. 珠宝店盗窃案

美国一家珠宝店发生盗窃案，警察抓到 3 个嫌疑犯。对 3 个嫌疑犯来说，下列事实成立。

（1）A、B、C 3 个人中至少 1 人有罪；

（2）A 有罪时，B、C 与之同案；

（3）C 有罪时，A、B 与之同案；

（4）B 有罪时，没有同案者；

（5）A、C 中至少 1 人无罪。

请问，谁是罪犯？

317. 3 位授课老师

在一所高中里有甲、乙、丙 3 位老师，他们在同一个年级里，并且相互之间都是好朋友。

甲、乙、丙 3 位老师分别讲授数学、物理、化学、生物、语文和历史 6 门课程，但不知道哪个老师分别教什么课程。现在只知道：其中每位老师分别教两门课。

除此之外，我们还知道以下信息。

（1）化学老师和数学老师住在一起；

（2）甲老师是 3 位老师中最年轻的；

（3）数学老师和丙老师是一对优秀的象棋国手；

（4）物理老师比生物老师年长，又比乙老师年轻；

（5）3 位老师中最年长的老师回家比其他两位老师远。

请问，哪位老师教哪两门课？

318．不同国籍的人

在勺园的留学生宿舍里住着6个不同国籍的人,他们是好朋友,来留学前,他们都曾经工作过,他们的名字分别为A、B、C、D、E和F,他们的国籍分别是美国、德国、英国、法国、俄罗斯和意大利(名字顺序与国籍顺序不一定一致)。

现在已知:

(1) A和美国人都曾经是医生;

(2) E和俄罗斯人都曾经是教师;

(3) C和德国人都曾经是技师;

(4) B和F曾经当过兵,而德国人从没当过兵;

(5) 法国人比A年龄大,意大利人比C年龄大;

(6) B同美国人下周要到英国去旅行,C同法国人下周要到瑞士去度假。

根据这些信息,请判断A、B、C、D、E、F分别是哪国人。

319．英语六级考试

某大学规定,所有报考研究生的同学都必须通过英语六级考试,所以,英语六级考试的成绩就成了很多学生非常关心的内容。

一次,一个班的所有同学都报考了六级考试。成绩快下来的时候,有人针对英语六级通过情况做了如下猜测。

(1) 班长通过了;

(2) 该班所有人都通过了;

(3) 有些人通过了;

(4) 有些人没有通过。

后来经过核实,发现上述判断中只有两个是正确的。

那么,在下列选项中,正确的是 (　　)。

A．该班有人通过了,但也有人没有通过

B．班长通过了

C．所有人都通过了

D．所有人都没有通过

320．得意弟子

张教授在某大学教逻辑课程,甲、乙、丙3个学生都是他的得意弟子。这3个学生都足够聪明,且推理能力很强。

一天,张教授想测试一下他们,于是发给他们3个人每人1个数字(自然数,没有0),并告诉他们这3个数字的和是14。3个学生都只能看到自己的数字,不能看到别人发到了什么数字,只能通过推理进行判断。

此时,张教授让他们3个人开始判断这3个数字。

甲马上说道:“我知道乙和丙的数字是不相等的!”

乙接着说道:“不用你说,我早就知道我们3个的数字都不相等了!”

丙听完甲乙两人的话马上说:"哈哈,那我知道我们3个人每人的数字分别是多少了!"请问,这3个数字分别是多少?

321. 谁买了果酒

有4个不同专业的同学住在一个宿舍中。这天他们一起逛街,各自买了一瓶酒。现在知道:甲是学文秘的;学管理的同学买了一瓶白酒;学建筑的床铺在乙的右边;乙的床铺在甲的右边;丙买了瓶葡萄酒;丁的床铺在学医学的左面;买葡萄酒的床铺在买啤酒的右面。

那么,你知道是谁买了果酒吗?

322. 能否看到信

英国剑桥大学数学讲师卡洛尔曾出了下面这道题目来测验他的学生的逻辑思维能力。题目是这样的:

(1)教室里标有日期的信都是用粉色纸写的;

(2)丽萨写的信都是以"亲爱的"开头的;

(3)除了约翰外没有人用黑墨水写信;

(4)皮特没有收藏他可以看到的信;

(5)只有一页信纸的信中,都标明了日期;

(6)未作标识的信都是用黑墨水写的;

(7)用粉色纸写的信都收藏起来了;

(8)一页以上的信纸的信中,没有一封是做标记的;

(9)约翰没有写一封以"亲爱的"开头的信。

根据以上信息,判断皮特是否可以看到丽萨写的信。

323. 不同的嗜好

张先生、李太太和陈小姐3个人是好朋友,他们住在一幢公寓的同一层上。这一层共有3个房间,其中一个房间居中,另外两个房间分别在两旁。

下面是他们3个人的一些特点,请根据这些特点做出判断。

(1)他们每人都只养了一只宠物,不是狗就是猫;

(2)每人都只喝一种饮料,不是茶就是咖啡;

(3)每人都有一种体育爱好,不是网球就是篮球;

(4)张先生住在打网球者的隔壁;

(5)李太太住在养狗者的隔壁;

(6)陈小姐住在喝茶者的隔壁;

(7)没有一个打篮球者喝茶;

(8)至少有一个养猫者打篮球;

(9)至少有一个喝咖啡者住在一个养狗者的隔壁;

(10)任何两人的相同嗜好不超过一种。

根据以上条件判断谁的房间居中。

提示：判定哪些嗜好组合可以符合这 3 个人的情况，然后判定哪一个组合与住在中间的人相符合。

324．这张牌是什么

P 先生、Q 先生都具有足够的推理能力，这天，他们正在接受推理考试。

"逻辑教授"设计了一个很有趣的测试题。

首先，他在桌子上放了如下 16 张扑克牌。

红桃 A、Q、4

黑桃 J、8、3、2、7、4

草花 K、Q、5、4、6

方块 A、5

接着，教授从这 16 张牌中挑出一张牌来，并把这张牌的点数告诉 P 先生，把这张牌的花色告诉 Q 先生。

然后，教授问 P 先生和 Q 先生："你们能从已知的点数或花色中推知这是张什么牌吗？"

P 先生："我不知道这张牌。"

Q 先生："我知道你不知道这张牌。"

P 先生："现在我知道这张牌了。"

Q 先生："我也知道了。"

请问，这张牌是什么？P 和 Q 是怎么推理出来的？

325．简单的信息

一个寝室有甲、乙、丙、丁 4 个人，毕业以后 4 个人分别找到了工作，其中，一个是教师，一个是售货员，一个是工人，一个是老板。（并不对应）他们的班长想知道 4 个人的职业分别是什么，但是 4 个人都只提供了一些简单的信息，你能帮助班长确定 4 个人的职业吗？

现在已知：

（1）甲和乙是邻居，每天一起骑车去上班；

（2）甲比丙年龄大；

（3）甲和丁业余一同练武术；

（4）教师每天步行上班；

（5）售货员的邻居不是老板；

（6）老板和工人毕业后就没有见过面；

（7）老板比售货员和工人年龄都大。

请根据上面的信息判断每个人的职业。

326．特征的组合

亚当、布拉德和科尔是3个不同寻常的人，每个人都恰有3个不同寻常的特征。

（1）两个人非常聪明，两个人非常漂亮，两个人非常强壮，两个人非常诙谐，一个人非常仁爱。

（2）对于亚当来说，下面的说法是正确的。

A．如果他非常诙谐，那么他也非常漂亮

B．如果他非常漂亮，那么他不是非常聪明

（3）对于布拉德来说，下面的说法是正确的。

A．如果他非常诙谐，那么他也非常聪明

B．如果他非常聪明，那么他也非常漂亮

（4）对于科尔来说，下面的说法是正确的。

A．如果他非常漂亮，那么他也非常强壮

B．如果他非常强壮，那么他不是非常诙谐

请问，谁非常仁爱？

提示： 判定每个人的特征的可能组合，然后分别假定亚当、布拉德或科尔具有仁爱的特征，只有在一种情况下不会出现矛盾。

327．死了几条狗

有一个村子里，共有50户人家，每家都养了一条狗，一共有50条狗。

有一天，村里来了一个警察，警察通报这50条狗当中有病狗，但具体有几条狗生病了，警察没有明确说明。

现在只知道，有病的狗的行为和正常狗不一样。每个人都只能看出别人家的狗是否有病，而无法看出自己家的狗是否有病，他们只能用逻辑思维推理出自己家的狗是否有病。

如果一个人判断出自己家的狗病了以后，就必须当天一枪打死自己家的狗。

其实在警察到来之前，村民已经观察到有病狗，但都判断不出自己家的狗是否有病，因此一直相安无事。在警察到来之后，宣布了"村里有病狗"通知之后才发生了变化。

第一天没有枪声，第二天也没有枪声，在第三天的清晨响起了几声枪响。

请问，一共死了几条狗？

每人只能通过观察别人家的狗进行对比，来判断自己家的狗是否生病

328．确定哪一天一起营业

某个地区有一家超市、一家银行、一家百货商场，一周内有一天3家企业会同时营业。

已知：

（1）这3家单位一周都只工作4天。

（2）星期天都休息。

（3）哪家单位都不会连续3天都在营业。

（4）有人连续做了6天的观察，发现如下情况。

第一天,百货商场关门；

第二天,超市关门；

第三天,银行关门；

第四天,超市关门；

第五天,百货商场关门；

第六天,银行关门。

请问,星期几3家单位都在营业？

329．谁养鱼

有5间房屋排成一列；所有的房屋外表颜色都不一样；所有的屋主都来自不同的国家；所有的屋主都养不同的宠物,喝不同的饮料,抽不同牌子的香烟。已知：

（1）英国人住在红色房屋里；

（2）瑞典人养了一只狗；

（3）丹麦人喝茶；

（4）绿色房屋在白色房屋的左边；

（5）绿色房屋的屋主喝咖啡；

（6）吸 PallMall 香烟的屋主养鸟；

（7）黄色屋主吸 Dunhill 香烟；

（8）位于最中间的屋主喝牛奶；

（9）挪威人住在第一间房屋里；

（10）吸 Blend 香烟的人住在养猫人家的隔壁；

（11）养马的屋主在吸 Dunhill 香烟的人家的隔壁；

（12）吸 BlueMaster 香烟的屋主喝啤酒；

（13）德国人吸 Prince 香烟；

（14）挪威人住在蓝色房屋隔壁；

（15）只喝开水的人住在吸 Blend 香烟的人的隔壁。

请问，谁养鱼？

答　案

第一部分　唯一的真相

1．有贼闯入

因为他的闹钟是夜光的。也就是说,这个闹钟受到光照后在一段时间内会发光。小五郎进屋后,在没有开灯的情况下发现闹钟发光了,说明屋子里的灯是有人刚关掉的。这就说明有人听到他开门的声音时关掉了灯,藏了起来。

2．开花的郁金香

因为郁金香这种花很特别,一到夜里花就会合上,灯光照射十五六分钟后会自然张开。小五郎进屋时花瓣是闭着的,说明屋子里一直是黑暗状态。也就是说怪盗是才回来不久的,根本不是他所说的一直在家待着看书。

3．逃跑的凶手

可以用现场的血迹与嫌疑人的子女进行 DNA 比对,即可确定嫌疑人是否是真凶。

4．亲生子

不可能。因为父母都是 A 型血,是不可能生出 B 型血的儿子的。

5．怪盗的指纹

是管理员养的猴子。动物中有指纹的除了人以外,还有猴子和袋熊。

6．致命的位置

因为我们普通人,也是绝大多数人的心脏都长在左胸的位置,但是有极少数人的心脏却长在右胸的位置。这位女子就是这样,所以她才逃过了一劫。

7．两种血型

可能。一个人确实可能有两种血型,这是一种特殊的案例,在医学上称为血型嵌合。

8．辨别方向

她把别针在身上的真丝衣服上蹭了几下,使它变成一个小磁铁,然后在鼻子和额头上粘一点油,将其放入小水坑里。由于别针上有油,会浮在水面上,就形成了一个自制的小指南针。有了方向,就可以走出去了。

9．奇怪的火灾

是大棚顶上积了一小洼雨水形成了一个凸透镜,中午的阳光通过凸透镜照射到枯草上,点燃了枯草,酿成了火灾。

10．爆炸声

只发生了一次爆炸。那名游泳逃生的游客之所以听到两声,是因为他第一声是在水里听到的。声音在水中传播的速度要比在空气中传播的快,所以第一声是由水传播过来的。而当他钻出水面后,又听到了一声由空气传播过来的爆炸声。

11．消失的新郎

这个新郎是船上的一名水手,他运用假名,专门结婚诈骗。带着莉亚到了一个他修改过的房间,然后骗走她的财产,躲到了驾驶舱内。因为水手们之间都认识,他们不会注意到一名上岸的水手是何时上船的,所以接待莉亚的两位水手才会说莉亚上船的时候身边没有其他乘客。

12．门口的烟头

因为如果是死者的情人,叼着香烟来到死者家是很正常的事情。而作为推销员,他们习惯于拜访别人时在门口将香烟熄灭。

13．隐藏的证据

因为窗台上有积雪融化形成的冰溜子,说明屋子很暖和,将外面的积雪融化了,这不可能是在短时间内达到的,所以昨天晚上一定有人在家中取暖。

14．奇怪的委托人

他的目的是这位侦探的事务所,他使用的是调虎离山之计,可能要去侦探的事务所里偷些重要的资料吧。

15．作家之死

根据桌上剩余的半根蜡烛。如果真的是写作时突然被吓死,那么蜡烛应该一直点燃,或者烧尽了,而现在剩下半根,说明是有人谋杀。

16．林肯揭穿伪证人

林肯说:"你的证人福尔逊先生口口声声说他在明亮的月光下清清楚楚地看到了阿姆斯特朗的脸,可是,请不要忘记,10 月 18 日那一天是上弦月,在 11 点的时候,月亮早已下山了,福尔逊先生是如何看到明亮的月光和阿姆斯特朗的脸的呢?退一步来说,即使是福尔逊先生把时间记错了,月亮还在天上,但在那个时候,月亮是在西天上,月光是从西向东照射的,大树在西面,草堆在东面,被告阿姆斯特朗如果真的是在大树后面,面向草堆,他的脸上是不可能有月光的,福尔逊先生怎么能看到月光照在被告的脸上并认出被告呢?"

法庭内发出一片哄笑声,听众、陪审官员以及法官们都为林肯无懈可击的分析而折服。

证人福尔逊狼狈不堪,他只好供认自己是被人收买来诬陷被告的,阿姆斯特朗被当庭宣告无罪释放。

林肯凭借聪明的才智,用收敛思维揭穿了伪证人的卑鄙行径,为无辜的阿姆斯特朗洗去了耻辱,也为自己赢得了声誉。

17. 惨案发生在什么时间

这是一个看起来复杂其实很简单的问题。作案时间是 12:05。计算方法很简单,从最快的手表(12:15)中减去最快的时间(10 分钟)就可以了,或者将最慢的手表(11:40)加上最慢的时间(25 分钟)也可以得出相同的答案。

在分析问题的时候,最重要的是找到解决思路,把看似复杂的问题分解成简单的问题来处理。

18. 通缉犯的公告

因为抢劫案是一年前发生的,所以罪犯的年龄当然是作案时的年龄,而现在贴出来的公告上的年龄就比现在罪犯的年龄少了一岁,所以这个年龄信息是错误的,应该加 1。

19. 奇怪的陌生人

后来和警察一起跑进来的陌生人是真正的逃犯,因为他进诊所时,年轻人已经穿好了病号服,因此他不应该知道年轻人是背部中弹的。

20. 两个嫌疑人

凶手是黛妮小姐的情人。因为黛妮小姐是穿着睡衣被人杀死的,她家门上有个窥视窗,门铃响时,她必定先看看来人是谁,如果是那个学生,她必定不会穿着睡衣迎客,只有看到自己的情人时,才会穿着睡衣让他进来。

21. 两万英镑

米西尔从电话里得知狄娜的消息后,再也没有和狄娜通过电话,而狄娜却知道他用新买的蓝色皮箱装钱给了威克思,显然她是从威克思之处获悉的。结论非常清楚:狄娜与威克思合谋敲诈米西尔。

22. 丢失的凶器

他用木屐的带子拴住手枪,一起扔进了河里。枪被木屐拖着,顺着水流漂走了,当然不在警察搜索的范围内了。

23. 谁是小偷

因为列车在停靠车站时,为了保证站内卫生,厕所一律锁门,禁止乘客使用。去长沙的乘客说他在上厕所是在撒谎。

24. 职业小偷

是那位西装革履的男子。因为如果是另两个人,他们应该会连他最先偷的那个钱包一块偷走,就算不全偷,她们也不能确定哪个钱包是小李的。

25．隐藏的嫌犯

第六个人。抢劫犯跑了很长一段路,肯定会像阿飞一样气喘吁吁的。只有第六个人在大口大口地喘气,并用跑步取暖来掩饰。

26．洗牌的手法

是真的。

其实方法很简单。

首先魔术师将分给5名观众的5组牌分别标记为A、B、C、D、E 5组。每组牌分别标记为A1、A2、A3、A4、A5,B1、B2、B3、B4、B5,其他以此类推。

接下来运用洗牌技巧使得重新洗完牌后,原来每组牌的第一张按顺序成为第一组,原来每组牌的第二张按顺序成为第二组,并以此类推。

也就是说,洗完牌之后,原来的A1、B1、C1、D1、E1组成了新的第一组,原来的A2、B2、C2、D2、E2组成了新的第二组,并以此类推。

这样,当某个观众点头的时候,这位观众刚才选的那组牌里的某一张就是他刚才记下的牌。

例如,假设一名观众分到第一组牌,他记下的是第三张,也就是A3,那么在洗完牌之后,他应该在魔术师展示第三组牌的时候点头,这时魔术师就知道这组的第一张是第一位观众记下的牌了。

27．吓人的古墓

那盏看似一直燃烧的灯的燃料里含有磷。墓穴被封闭后,耗尽了氧气的灯全部熄灭了。但是当墓门打开时,新鲜的空气进入到墓里,那盏燃烧点很低的含磷灯就开始自燃了。

也就是说,在打开墓门之前,那盏灯其实一直处于熄灭状态。

如果那位考古学家在那里等上一段时间或者过几天再来,灯就会熄灭。因此认为灯一直亮着,并被恐惧吓倒的那位考古学家就这样与重大考古发现擦肩而过了。

固定的思维模式是人生的大敌,当我们被某个思维定式禁锢住之后,往往很难看清楚一些事物的本质。

28．习惯标准

儿子回答说:"因为她没有骂人。"

我们习惯以不同的标准来看人看己,以致往往是责人以严、待己以宽。

29．破绽在哪儿

冬天玻璃的外面不结冰,只有屋子里有热气时才会从内部结冰。

30．有经验的警察

因为普通人翻东西的时候都是把抽屉从上到下依次拉开的。而张家所有的抽屉都打开了，说明小偷是从下往上依次拉开所有的抽屉，这样上面拉出的抽屉不会妨碍查看下面的抽屉，只有惯偷才会懂得这样做。

31．画窃贼

因为猫眼是用凸透镜制成的，会让人的脸看起来胖一些。

32．露出马脚

因为他为了烤火鸡点燃了壁炉，一栋没人住的房子烟囱冒烟，当然会引起巡警的注意。

33．诈骗

因为后面的车亮起刺眼的前灯，女子是不可能看出后面车里是谁的，所以他们一定是串通好的。

34．谜团

因为这位律师是女的。

35．潮涨潮落

不能。皮皮忘了水涨船高的道理。因为潮水上涨了，船也随之升起，船与绳子连在了一起，绳子当然也随着上浮。水涨多少，它们就上浮多少，此时依然是最下面的一个手帕接触到水面，所以他测不出来。

36．鉴别逃犯的血迹

人体血液中盐的含量远远超过动物血液中盐的含量，因此西科尔以他敏感的舌尖品味了一下两行血迹，即可鉴别出来结果。

37．盲人的"眼睛"

因为小偷所在的位置恰好挡住了维特家的大座钟，本来维特听惯了座钟钟摆的"嘀嗒"声，现在听不到了，说明小偷就在大座钟前面，所以他向座钟的方向开了枪，就打中了小偷。

38．疏忽

因为浴室的灯是关着的，人一般不可能关着灯洗澡。张三是在早上天亮的时候把李四送回家的，他忘记开灯了。

39．吹牛

因为那条小路在两个悬崖中间的山谷里，没有任何危险，只要一步步走下去就可以了。

40．巧识网友

因为张三的旅行包超级大,必须托运,而托运的行李上写有"张三"的名字,再加上张三在门口张望,李四看了一眼张三的行李就可以确定了。

41．谁是罪犯

劫匪是制作防盗玻璃柜的经手人。因为他在制作玻璃的时候留下了一小块瑕疵,也只有他自己知道这块玻璃的弱点在哪里。有了这个瑕疵,用锤子在那里一敲,玻璃就会破碎。

42．有趣的考试

红盒与蓝盒上的陈述正好相反,其中必定有一个是真。既然这三个陈述当中最多只有一个是真的,黄盒上的陈述就是假的,可见红纸实际上是在黄盒里。

当然这道题也可以用另一种方法来解。假设红纸在红盒里,就会有两个真陈述(即红盒与黄盒上的陈述),与预定条件相反。假设红纸在蓝盒里,又会有两个真陈述(这次是蓝盒与黄盒上的),所以,红纸只能在黄盒里。

这两种方法都正确,可见在很多问题上可以有几种正确的方法得出同一结论。

43．识破小偷

因为如果真的是走错房间,那么他最开始的时候就不会敲门了,因为现实中有谁进自己的房间还要敲门呢?

44．老练的警长

希伯来文与阿拉伯文一样,是从右向左书写的。斯坦纳阅读希伯来文日报是从左到右一行一行地往下移,这是犯了常识性错误。

第二部分　疑案巧侦破

45．识破谎言

因为如果真的是电线老化起火,是不能用水浇灭的。电线起火需要用含有二氧化碳的灭火器或者干粉灭火器扑灭,否则只会越烧越大,这是常识。史蒂芬先生一定是生意失败,想用火灾来骗取保险。

46．轮胎的痕迹

是别人偷偷卸下了他车的轮胎,装在自己的车上作案,然后又将轮胎还了回来。

47．藏木于林

清晨的时候,在露天花圃中的玫瑰花会带有露水,而从饭店带出来的玫瑰花就不会有露水。只要观察一下,看哪盆玫瑰花上没有露水,就知道结果了。

48．怪盗的纰漏

因为他捏死的蚊子已经吸了他的血,而蚊子的尸体都留在了高官家的院子里,警察只要对比一下,就有了这位间谍潜入高官家的证据。

49．消失的字迹

张三先在自己的名片上用淀粉液或者米汤抹了一遍,等干后是看不出来的。然后将钢笔中装满碘酒,这样碘酒遇到淀粉会显出蓝色的字迹。但是随着时间的推移,这些字迹就会消失掉。

50．巧辩冤案

因为是诬告,而且罪证很多,告状者在重新写状子的时候,两次必定会有很大出入。这两份状子就成了他诬告李靖的证据。

51．祖传花瓶

大儿子说了谎,是他偷的花瓶。因为老太太是中秋时走的,出去半个月,昨晚应该是初一,没有月亮,怎么会有月光呢?

52．罪犯的疏忽

小野说太太提到了肚子饿,作为司机一定会因为这句话而加大油门,速度很快。之前提到了宝马车已经经过了一个下坡,小野说在下坡的时候听见了枪响,等他刹车后,回头看见了宫田的太太死了。他还说没有动过现场,这个地方就有漏洞。

如果真的是那个时候开的枪,由于刹车后的惯性,宫田的太太根本就不可能坐在座位上。

53．县官审案

县令派人秘密监视两个人。大儿子因受不过苦刑,抱怨父亲,于是便得到了供词。

54．询问的技巧

警官实际上说的是不曾单独偷过东西的那个人。但那个人马上否认这句话,等于是承认自己曾经单独偷过东西。

55．谁肯定有罪

根据 A,如果甲无罪,那么丙有罪;根据 B,如果甲无罪,那么丙也无罪。可见如果甲无罪,丙既有罪又无罪,矛盾,所以,甲肯定有罪。

56．有用的信息

可以确定乙和丙两个人里至少有一个人是有罪的。因为假设甲无罪,根据 A,乙或丙必有罪;假设甲有罪乙无罪,根据 B,丙必有罪;假设甲和乙有罪,则乙、丙之中至少会有一个人有罪。

57．破绽

破绽是用茶汁染黄的字据全是黄色的。而时间久远的字据，如果是叠起来保存的，应该是外面发黄，里面还是白色的。

58．假证据

因为埃及没有双峰驼。

59．凶手的破绽

因为冬天戴着眼镜的人如果从外面闯进浴室，眼镜会结雾，因此看不清人。

60．破绽在哪儿

因为当时外面的气温达到了零下20多度，事发地点又在离旅馆两公里外，就算跑回来，衣服也应该结了冰，而他却是浑身湿漉漉的，说明他是到旅馆附近才自己用水淋湿的。

61．四个嫌疑人

假设甲有罪，根据B，乙和丙中至少有一个人有罪；如果乙无罪，有罪的只能是丙；如果乙有罪，则甲与乙都有罪；根据A，丙也有罪。这就证明了，如果甲有罪，丙也有罪；同时根据C，既然丙有罪，那么丁也有罪。因此如果甲有罪，丁也有罪。另外根据D，如果甲无罪，丁还是有罪。既然不管甲有罪无罪，丁都是有罪的，那么丁一定是有罪的，其余的人是否有罪无法确定。

第二问，这四个人都是有罪的。根据C，如果丁无罪，那么甲有罪；再根据D，如果丁有罪，那么甲还是有罪，可见甲必定有罪。因此根据A，乙也有罪。再根据B，既然已经知道甲无罪不成立了，所以丙也有罪。最后根据C，如果丁无罪，丙也无罪，但是既然丙并非有罪，因此丁必定有罪。综上所述，他们四个全都有罪。

62．他是清白的

因为假设那个人是个君子，他说的话就是真的，偷东西的那个人应该是个小人，因此那个人必定无罪。反之，假设那个人是个小人，他说的话就是假的，偷东西的人应该是个君子，那个人还是无罪。

63．巧断谋杀案

办案人员书面盘问结束后，淡淡地说了一句："没事了，你可以回去了。"

64．聪明的警长

探长并没有提到案发地点，王刚能拿回金笔，说明他知道案发地点不是花园街那间小公寓，而是那所乡村旅馆。

65．逃逸的汽车

逃逸的汽车是10AU81，因为是在反光镜里看到的，所以号码是反的。

66．偷自行车的人

先考虑第三句话，如果乙有罪，那么既然他不会开卡车，他必定有搭档，也就是甲或丙也有罪；如果乙无罪，因为作案者只在他们三人里边，所以甲或丙有罪，可见甲或丙至少有个人是有罪的。如果丙无罪，有罪的只能是甲；如果丙有罪，根据第二句话，甲也有罪。所以，甲肯定是有罪的。

67．校园里的盗窃案

丙既然已经确定无罪，就可以不考虑了。如果甲无罪，那么有罪的只能是乙；如果甲有罪，那么根据第二句话他必然有搭档，这个搭档只能是乙。总之，乙必然是有罪的。

68．双胞胎盗窃案

假设丙无罪，那么有罪的只能是甲或乙，甲和乙不会单独行动，只能是两人都有罪。但已经知道双胞胎里有一个当时不在现场，所以矛盾，因此丙有罪。而既然丙永远单干，所以双胞胎兄弟就是无罪的。

69．厂长审案

我们先假设厂长是小人，这时候，A 和 B 都该是假的。既然 A 是假的，甲就是无罪的；既然 B 是假的，甲和乙就都有罪，因此甲有罪。这是一个矛盾，可见厂长只能是君子。因此，甲确实是有罪的，根据 B，乙是无罪的。

假设厂长是小人，那么两句话都不是真的，既然 A 是假的，甲和乙就都无罪，可是因为 B 也是假的，甲应该有罪，这就矛盾了。所以，厂长是君子，甲无罪，乙有罪。

70．手表

因为怀特加了一夜的班，天亮才回到家。而他的妻子说自己是在前一天下午被喂了安眠药睡着的，所以她醒来后讲述案情时应该说今天下午 3 点左右，而不是昨天下午。显然她并没有真的睡着，知道已经过了一晚，而且酒窖没有窗子，不可能判断出当时的时间。

71．谁有罪

首先可以确定甲不可能是君子，不然根据题意甲就是罪犯，可是作为君子甲又绝不会谎称自己无罪的；但甲也不可能是小人，不然他的陈述应该是假的，反而成有罪了。所以，甲是凡夫，并且无罪。既然甲无罪，乙的陈述便是真的，所以，乙是君子或凡夫。假设乙是凡夫，丙的陈述就是假的，丙理应是小人或凡夫，这样三个人就都不是君子而和题意不符了。所以，乙不可能是凡夫，必定是君子，他是有罪的。

72．谁在说谎

是第三个人，因为彩虹的位置和太阳相反，所以看彩虹时绝不会觉得阳光刺眼。

73．窃取情报

是第三个人。因为录音磁带刚开始的 1 分钟没有声音，只有关门声。说明那个人从安装录音笔到出门的这段时间都没有留下脚步声,而只有穿旅游鞋走路才会没有声音。用录音笔窃取情报,一定会回来收录音笔,因此作案人会故意放轻脚步,使自己的脚步声不留在磁带上。

74．骗子的漏洞

洗澡后镜子模糊,根本看不清人影。

75．作伪证的证人

因为当日大雪纷飞,而室内电热炉又很温暖,玻璃应该是模糊的,不可能清楚地看到凶手的样子。

76．吹牛的人

在圣诞节前天,肯特是无法利用太阳光在北极圈内生火的。因为每年10月到第二年3月这段时间,在北极圈内是没有阳光的,即处于"极夜"状态。

77．多了一个嫌疑人

如果丙有罪,根据C,就要有三个人有罪,由A知甲是无罪的,这样有罪的就是乙、丙、丁三人,但这又和B矛盾,可见丙也是无罪的。这样甲和丙都无罪,如果乙有罪,根据B可知丁也有罪;如果乙无罪,有罪的就只剩下丁了。总之,无论是哪种情况,丁都是有罪的。

78．识破小偷

警官看到那条狗跷起后腿撒尿,便立刻识破了那个男子的谎言。

因为只有公狗才跷起后腿撒尿,而母狗撒尿时是不跷腿的。然而,那个男子却用"玛丽"这种女性的称谓叫那条公狗,如果他真是这家的主人,是不会不知道自己家所豢养的狗的性别的,所以,他也就不会用女性称谓去喊公狗了。

由于这条狗长得毛乎乎的,小偷从外表上根本看不出它的性别,便随口胡乱用了女性的名字叫它。

另外,这条狗之所以对小偷很温驯听话,是因为他进来时喂了它几片肉。

79．报案人的谎言

开着窗户那么长时间,房间里面是不会那么暖和的。

80．骗保险

因为即使是把油泼了上去,冷油也会将火熄灭的。

81．骗保险金

因为按他所说的如果真的停了一晚上的电,靠电加热的鱼缸里的热带鱼应该死掉才是。另外,他早上回来的时候不会没有注意到门被撬开了。

82．四条有价值的供述

我们先假设乙无罪、甲有罪,这一根据A,丙也该有罪,可是这和条件C有矛盾。如果乙

无罪,甲也肯定无罪,但这样丙就成了唯一有罪的人了,和 B 矛盾,所以乙只能是有罪的。

也可以换一个角度思考,先假设甲有罪,这样根据 A,乙和丙至少有一个人是有罪的。又根据 C,这个搭档不会是丙,因此只能是乙,即如果甲有罪,乙也有罪;再假设丙有罪,根据 B 和 C,丙必然有个搭档,而且这个搭档不会是甲,只能是乙,即如果丙有罪,乙也有罪;如果甲和丙都没有罪,根据 D,乙肯定有罪,所以乙只能是有罪的。

第三部分　关注小细节

83．奇怪的牛蹄印

因为偷牛贼骑的也是一匹马,之所以会有牛蹄印,是因为偷牛贼把马蹄铁做成了牛蹄的形状,用来混淆视听。

84．车祸现场

因为那是两辆车,碰巧两辆车外侧的车灯都坏掉了,年轻人以为是一辆在路中间行驶的汽车,所以他在路边也被撞了。

85．假鬼魂

因为传说中的鬼魂是没有脚印的,而这个鬼魂走后留下了几个血脚印,说明他是人扮的。目的是诬陷别人,并给真凶脱罪。

86．假借据

因为我们在写借据等有数字的凭据时,不可能用阿拉伯数字,都是用大写的数字,以免被人在前后加上别的数字,所以这个借据一定是假的。

87．消失的罪犯

因为那个嫌疑人是男扮女装,跑到海水中人少的地方后潜入水中,脱掉泳衣,摘下假发,变回了男身,混入游泳的游客当中,这样就没有人认出他了。

88．两份遗嘱

因为如果用圆珠笔仰面写字,会很快写不出来的,不可能写出完整的遗嘱来。

89．哪个是警察

因为小明看到的是背影,所以右边的是警察。因为警察要保证自己的安全,所以会把自己的左手和小偷的右手铐在一起。即使小偷有反抗行为,警察也可以用空闲的右手拔出手枪来制服对方。

90．说谎的嫌疑人

因为保安说他拉上了窗帘,如果是这样,小偷从外面打碎玻璃时,碎玻璃就会被窗帘挡住绝大部分,不会落得满地都是了。

91．学者之死

凶手：李谦。

第一个"8"，"便挂断了"，代表八卦。

第二次拨的"121×111"在八卦中对应如右图所示。

1 表示一横，2 表示 2 横。

而这两个图形在八卦中表示的字是"离"和"乾"，由谐音找出了凶手。

离　　乾

92．重合的指针

12 小时中有 11 次重合的机会，而这些机会是均等的，所以每隔 12/11 小时就会出现一次，具体时刻大家可以自己推算出来。

93．加法与乘法

由题意可知，另外三件商品的价格和为 5.75 元，积为 6.75 元。而在价格中，最多只有两位小数，所以只有两种可能。

（1）只有一个价格是小数，其他的价格都是奇数。

此时小数一定是 $a.75$ 的形式，另外两个奇数只能在 1、3、5 中选，但无论怎么组合都达不到和为 5.75、积为 6.75 的结果，可以排除。

（2）两个价格是小数，一个形如 $a.25$，一个形如 $b.5$，另一个为偶数。

因为和为 5.75，所以偶数只有 2 和 4。如果偶数是 4，无法得到乘积为 6.75 的结果，可以排除；如果偶数是 2，可以得出另外两个数为 1.5 和 2.25。

所以四件小商品的单价分别为 1 元、1.50 元、2 元和 2.25 元。

94．审狗破案

因为狗没叫，说明凶手必定是居住在附近的熟人，再加上此人背后有与姐姐厮打时造成的抓痕，就可以知道他就是凶手了。

95．车牌号码

因为被害人被撞得仰面朝天，这时看到的车牌号是倒着的，所以真正的车牌号不是 8961，而是 1968。

96．汽车抢劫案

因为王刚从来没有和加油员说过自己是什么车，而加油员就可以准确地买来两个正确型号的轮胎，说明他之前见过王刚的车，所以，那四个劫匪中肯定有这个加油员。

97．曹操的难题

张辽的军队到达之前曹操的士兵已经吃了一天的粮食了，所以，现在的粮食还够 20 万人吃 6 天。加上张辽的人马后只能吃 5 天了，这就是说张辽的人马在 5 天内吃的粮食等于曹操原来士兵 1 天吃的，所以张辽带来了 4 万人。

98．迪拜塔

他们不是平手,从一层爬到 20 层一共爬了 19 层楼的台阶;从 1 层爬到 10 层会爬 9 层台阶,所以每个人爬一层楼的时间为 10/19、5/9、20/39,即 0.5263、0.5555、0.5128。所以史密斯的速度最快,他会第一个到达塔顶。

99．清晰的手印

因为当我们把手贴在玻璃上时,只有四个手指是正面贴着玻璃的。大拇指只有一个侧面是贴着玻璃,而这个指纹是五个手指正面都贴着玻璃,显然是伪造的。

100．半夜异响

是夜里一点半。因为只有在十二点半、一点、一点半这三个时刻,钟才是连续三次响一次的。

101．司令的命令

其实这个问题很简单,只要满足一点,就是刘军长所得是留下的 2 倍,留下的是张军长借走的 2 倍,即可满足司令的命令。

所以分配方法为将所有粮草平均分为 7 份,刘军长得 4 份,自己留 2 份,刘军长得 1 份。

102．强劲的对手

可以逃脱。若是"飞毛腿"将船划向黑猫所在岸的对称方向,那么它要行进的距离为 R,警长要行进的距离为 $3.14R$,因为"飞毛腿"划船的速度是警长奔跑速度的 1/4,所以它在划到岸边之前警长就能赶到,这种方法行不通。

正确的方法是,"飞毛腿"把船划到略小于 1/4 的圆半径的地方,比如说 0.24R,然后以湖的中心为圆心,作顺时针划行。在这种情况下,"飞毛腿"的角速度大于在岸上的警长能达到的最大角速度。这样划下去,它就可以在某一时刻,处于离警长最远的地方。然后"飞毛腿"把船向岸边划,这时,它离岸边的距离为 0.76R,而警长要跑的距离为 $3.14R$。由于 $4 \times 0.76R < 3.14R$,所以"飞毛腿"可以在警长赶到之前上岸。

103．破绽

因为我们都知道,夏天的中午是不能给植物浇水的,那样会造成植物死亡。这个常识园丁肯定是知道的,所以这个时候浇花的园丁一定是伪装的嫌疑人。

104．小偷的破绽

因为他开了灯,邻居知道屋主不在家,突然开了灯一定是进了小偷,就报了警。

105．嫌疑人的破绽

贩毒者是厨师。因为就算人再多,调料的需求量也不大,每天买调料是不正常的举动。

106．猎人的朋友

狐狸能说"昨天我撒谎"的日子只有星期一、星期四，灰熊能说"昨天我撒谎"的日子只有星期四、星期日，所以它们都能说这句话的日子只有星期四。

由狐狸的第一个陈述知道当天是星期一或星期四，由第二个陈述知道当天不是星期四，因此，当天是星期一。

107．狐狸说谎

它只有星期一、星期四能作第一个陈述，只有星期三、星期日能作第二个陈述，所以没有一天能两句话都说。

如果你觉得这题和上一题一样，那就错了。这个例子很能说明，分别作两个陈述不同于合取两者作一个陈述。任给两个陈述 X、Y，如果陈述"X 并且 Y"是真的，当然能推出 X、Y 各是真的；但是，如果"X 并且 Y"是假的，只能推出 X 和 Y 中至少有一个是假的。

"狐狸昨天撒谎并且明天还要撒谎"只有一天能够是真的，就是星期二。这样看来，狐狸哪天说了这句话，那天就不会是星期二，因为这个陈述在星期二是真的，但狐狸在星期二并不作真陈述，所以，那天并不是星期二，因此狐狸的那个陈述总是假的，所以，那天只能是星期一或星期三。

108．巫婆和妖精

（1）如果甲的陈述是真的，那么甲确实是巫婆，乙理应是妖精，乙的陈述也是真的；如果甲的陈述是假的，那么甲其实是妖精，乙则是巫婆，因而乙的陈述也是假的。所以，这两个陈述或者都是真的或者都是假的。它们不会都是假的，因为巫婆和妖精从不在同一天撒谎，所以，这两个陈述只能都是真的。这样看来，甲是巫婆，乙是妖精，而且这一天必定是星期日。

（2）乙的陈述一定是真的。可是，题目已经说了这是跟前一题是在同一周而不在同一天，也就是那天不是星期日，所以这两个陈述不会都真，甲的陈述只能假，因此甲是妖精，乙是巫婆。

109．得到什么回答

头一个人的回答分明是谎话，因此这件事必定不是星期日发生的，所以另外那个人必定据实回答说："不。"

甲的陈述 B 分明是假的。既然陈述 A 出在同一天，它也是假的，所以，甲并非星期六撒谎，乙才是星期六撒谎。这一天既然甲在撒谎，乙就在讲真话，可见是星期一、星期二或星期三。这几天里，"乙明天要撒谎"只有在星期三才是真话，所以，当天是星期三。

110．说话的是谁

他的陈述一定是假的，因为假使它为真，他今天就在撒谎了，这是一个矛盾，所以，两个分句"我今天撒谎"和"我是妖精"之中必有一假。前一个分句"我今天撒谎"是真的，所以后一个分句必定是假的，可见，他是巫婆。

第二问,假使他今天在撒谎,前一个分句就成了真的,整个陈述也就成了真的,这是一个矛盾,所以,他今天是在讲真话。既然如此,他的陈述是真的,或者他今天撒谎或者他是妖精。由于他今天不撒谎,所以他应该是妖精。

111．一根魔法杖

假定甲讲了真话,魔法杖该归妖精。既然当天不是星期日,乙必定是在撒谎,其实他并不是妖精,而是巫婆,因此甲才是妖精,他应当得到魔法杖。

假定甲撒了谎,魔法杖该归巫婆。同时,乙是在讲真话,他确实是妖精,于是魔法杖又是甲的。总之,无论哪种情况,魔法杖都归甲。

第二问,假定说话人在撒谎,那么魔法杖的主人今天不在讲真话,而在撒谎,他必定就是说话人;假定说话人在讲真话,那么魔法杖的主人今天的确是在讲真话。如果那天不是星期日,他必定就是魔法杖的主人。不过,如果那天是星期日,哥儿俩那天都讲真话,双方都可能是魔法杖的主人。

总而言之,如果当天不是星期日,说话人一定就是魔法杖的主人。如果当天是星期日,他是与不是的机会均等,所以,他是魔法杖的主人的机会等于13/14。

112．森林里的传言

(1) 说话人的回答包含了下面两个陈述。

A．他是巫婆或妖精。

B．他今天撒谎。

假使他的回答是真的,A和B都成了真的,因而B成了真的,相互矛盾,所以,他的回答是假的,A和B不会都是真的。可是,既然他这天的回答是假的,B便是真的,不真的只能是A,所以,他既非巫婆又非妖精,必定是传言中的魔法师。

(2) 既然魔法师永远撒谎,甲不会真的是魔法师,他应该是巫婆或妖精,只不过在撒谎而已,这样看来,乙也在撒谎。假使乙是妖精或巫婆,巫婆跟妖精就要同天撒谎了,这不可能,所以,乙必定是魔法师。

(3) 无论乙是何人,他的陈述一定是真的。既然乙的陈述是真的而当天又不是星期日,甲的陈述必定是假的,可见,如果这一说法是对的,魔法师就不存在。

113．凶手的破绽

按常理,如果贾斯没去上船,船夫应该直接喊:"贾老板,你怎么还没上船啊?"

只有在船夫知道贾斯不在家的时候,他敲门才会直接喊:"大嫂,天不早了,贾老板怎么还不上船啊?"可见应该是船夫见财起意,把贾斯杀害了。

114．被揭穿的谎言

气温超过34℃的炎热夏天,巧克力不会是硬邦邦的,只有在有空调的火车上,巧克力才不会变软。

115．忽略的细节

最后，专家揭晓了答案："同学们，你们确实仔细思考了，找出了这个故事中不合理的细节，并且可以认真分析，在某种程度上来说，你们是优秀的。但是你们却有一个最大败笔，这是作为一名合格的刑侦人员的必备素质，那就是你们都忽略了最初的目标，也是一个十分重要的问题，那就是——一开始的那只土拨鼠去哪里了？"

116．聪明的侦探

冰块应该浮在水面上，矶川侦探看到莉娜杯子里只有 2 块冰块浮在水面上，另外 2 块冰块则沉到了杯底，推测里面一定藏有钻石。

117．巧妙报警

因为小王是这里的片警，很熟悉附近的情况，他知道李利没有哥哥。李利说哥哥向他问好，他就明白了。

118．吹牛的将军

因为在 1917 年的时候，还没有所谓的第一、第二次世界大战的说法，所以这枚勋章上不可能写着"颁给在第一次世界大战中……"的字样。

119．揭穿谎言

因为在狂风大作的海上航行，是不可能写出"整齐秀丽"的字的。而他却说自己一晚上都在写作，所以一定是假话。

120．3 个十分钟

第二个十分钟里沙漏上面的沙还剩很多，而且很快就开始开第三个保险柜，那时候它的沙子还未完全掉到底下就被直接倒过来，所以那个沙漏不到十分钟沙子就完全掉到下面去了。

121．一坛大枣

因为如果真的是大枣的话，放了 3 年早就腐烂了，而邻居重新装进去的大枣还是新鲜的。

122．吹牛

因为他说一点风都没有，那么他挂上去的白布上的字就不可能被别人看到。

123．越狱

被他一点点从马桶冲走了。

124．怪盗偷邮票

他把邮票藏在电风扇的扇叶上了，风扇旋转起来，别人是看不出上面有邮票的。

125．惯偷

因为他把箱子还给旅客的时候,并没有着急去找自己的箱子。这说明他本来就没有箱子,而这个箱子是他偷来的。

第四部分　不可能的案件

126．曝光的底片

是在医院照的 X 光将助手口袋里的底片曝光了。

127．里程表之谜

他是一直倒着开的,这样里程表就不会动。

128．不在场的证明

凶手趁张小姐不在的时候潜进公寓,先给猫喂些安眠药,等猫睡着以后,他接上塑料管,打开煤气阀,并用猫的尾巴堵住塑料管的出口。一段时间之后,张小姐回到公寓,开始睡觉,这时猫醒了过来,挣脱塑料管,煤气开始泄漏,毒死了张小姐。

129．遗作

因为在连续几天零下30℃的天气中,一个废弃的、窗户上还有破洞的小木屋里的钢笔和墨水瓶里的墨水肯定都结了冰,不可能画出画来。

130．遗书

因为英国人写日期的方式一般是先写日再写月最后写年,而只有美国人才习惯于先写月后写日最后写年。另外,死后去见上帝,也是美国人的习惯说法。

131．消失的案犯

其中一名罪犯等在那里,另一名罪犯拿着对方的鞋子走向悬崖,然后换穿拿着的鞋子,退着走回来,然后两个人逃走了。

132．不在场的证明

车主是劫案的同谋。有两个同伙,并弄了两辆颜色和车牌完全相同的车。同伙抢劫完后,自己开着车在警察局外面接应,并故意吸引警方的注意力,为同伙开脱。

133．消失的杯子

小明把围着的毛线围巾拆开,用长长的毛线穿过咖啡杯的柄,慢慢地把杯子从窗户放到地面,然后松开线的一头,把毛线收回,装在口袋里。

134．作案地点

首先,如果死者的死亡时间在 9 点零 3 分,那么录音带里应该有时钟报时的声音。

其次,录音带不可能会从头一天的 9 点一直录到次日早上,磁带没有那么长。所以这肯定是凶手制造的假象。

135．谁偷的文件

是他的助理。因为日本的国旗是看不出来反正的,所以他在说谎。

136．假照片

因为海拔 4000 米的高山上气压很低,易拉罐一打开,啤酒沫会冒出很多来,而小明展示的照片中却没有冒出啤酒沫。

137．撒谎的凶手

因为男子在钓鱼,不可能从水面看到后面的人影向他靠近。

138．偷运黄金

基德将原来的车身拆除,用黄金打造了新的车身并涂上涂料,警察当然没有注意到车身会是用黄金制成的。

139．消失的扑克牌

原来,第二次出现的牌,虽然看上去和第一次的很相似——都是从 J 到 K,但花色却都不一样。也就是说,第一次出现的六张牌,第二次都不会再出现。无论你选哪一张牌,结果都是一样的。

但是我们为什么会上当呢? 因为我们死死地注意其中的一张牌,你的注意力只集中在这一张上面,当然就只看到"它""没有了","默想"及"看着我的眼睛"都是烟雾和花招。实质就是这么简单。

140．粗心的神父

他拿走了两边的两颗,然后把最下面的那颗重新镶到最上面,如右图所示。

神父数的时候仍然是 13 颗。

141．消失的邮票

王老先生把普通的大邮票周围涂上胶水,中间盖住自己那枚珍贵的邮票,粘在了明信片上,歹徒当然找不到了。

142．值得怀疑

因为从泰国首都曼谷到北京有直达航班,没必要从菲律宾转一次机,就算是去菲律宾旅游,也不会只在菲律宾待几个小时马上又飞下一个地方。

143．做了手脚的时间表

妞妞把时间进行了重复计算。举一个很简单的例子,在暑假的 60 天里,她把用餐和睡觉的时间既计入了暑假的时间,又分别计入了全年的用餐和睡眠的时间。

144．小明的烦恼

一个男孩一个女孩有两种情况:兄妹或者姐弟,所以生两个男孩的概率是1/4。

145．闭门失窃

车上没有一定是被转移到了车外,而火车唯一与外界连通的通道就是厕所的排污口。基德偷完彩蛋,从厕所的排污口扔出车外,让同伙在附近等着捡起来,就这样达到了转移赃物的目的。

146．消失的赎金

犯人是那个出租车司机。他只是花钱让那个拾荒者把垃圾桶旁的箱子带到超市而已,在车上把钱拿了出来。

147．遗产

是那两枚陈旧的邮票,它们非常稀有,价值连城。

148．走私物品

他走私的是宝马车。

149．藏东西

因为该书的第 1 页和第 2 页在同一张纸上。同理,第 49 页和第 50 页也是同一张纸,不可能夹着钞票。

150．不可能的赏赐

8×8 一共有 64 个格,总数相当于 $2^{64} - 1 = 18446744073709551615$ (粒)。

151．转移财产

那个邮票价值上千万元,这就是老人的所有财产。

152．赎金哪里去了

绑匪就是那个司机。他先准备一个和装钱的手提包,然后在警察的监视下,埋下空的手提包,而装有赎金的手提包还在他的车上。

153．指纹哪里去了

诈骗犯手指指纹部分涂上了透明的指甲油,所以没有留下指纹。

154．神秘的绑架案

绑匪是他家附近邮局的邮递员。

第五部分 机智巧应对

155．急中生智

因为酒杯上有杀手的指纹，如果小五郎死了，警察一定能够通过酒杯上的证据找到杀手，所以杀手不得不放弃了刺杀计划。

156．私杀耕牛

因为牛的舌头被割掉，就无法吃草，迟早要被饿死，包拯索性偷偷授权他杀掉耕牛。而割掉牛舌头的人肯定与其有较大矛盾，在发现他杀掉耕牛的时候，一定会来检举他私杀耕牛之罪。果然，没多久，就有人前来检举说他私杀耕牛，一经审问，割掉牛舌头的人正是此人。

157．撒谎的贼首

因为 21 个人，每个人分得的金币都是奇数，奇数和奇数相加，总和不可能为 200。

158．失踪的弟弟

不是。因为父亲为 O 型血，母亲为 AB 型血，不可能生出 AB 型血的孩子。也就是说，弟弟的血型不可能是 AB 型。

159．失窃的海洛因

是那个新来的实习生。因为首先樵夫应该不会认识那个海洛因的化学式，所以分不清哪个才是海洛因；而地质学教授可能会知道，但是他摔断了腿，不可能在被保安追的时候逃掉，所以只有那个新来的实习生满足条件。

160．被杀的间谍

凶手是那个英国杀手，代号为 CN12。

因为间谍是罗马人，写下的 X 应该是罗马数字 10。但是杀手中没有代号为 10 的人，所以只能是因为间谍没有写完就死了，也就是说他本想写 XII 的。

161．判断依据

依据是尸体旁边的帽子，如果这里是案发现场，那么帽子早就应该被台风吹走了。

162．巧断讹诈案

那这十两银子不是你的，等有人拾到送来的时候我再通知你。

163．偷吃鸡蛋

因为刚偷吃完鸡蛋，一定有蛋黄塞在牙缝里。妈妈让三个孩子分别喝一口水，漱漱口，然后吐在盘子里。谁的漱口水中含有蛋黄沫子，就是谁偷吃了鸡蛋。

164．哪种花色

红桃。分别假设每种花色,然后推理是否有矛盾即可。

165．钱去哪儿了

小王把信封上的字看倒了,应该是 86,他看成了 98。

166．五色药丸

因为五个人中每个人都只猜对了一瓶,并且每个人猜对的颜色都不同,也就是说每个人猜对的瓶子也是不同的。

而我们综合观察一下,就会发现:猜第一瓶的只有一个人,就是丙。所以丙猜对的一定是第一瓶,也就是说第一瓶是红色。

这样丙的第二个猜测就一定是错误的,即第五瓶就不是黄色的药丸;第五瓶应该是戊猜对了,即第五瓶是蓝色的药丸。

这样,戊说的第二瓶是黑色的也就不对了。既然第二瓶不是黑色的,那就应该如第一个人所说,第三瓶是黑色的。

甲所说的第二瓶是蓝色的药丸就是错误,即第二瓶不是蓝色的。前面说第二瓶不是黑色的药丸,现在第二瓶只能是绿色的药丸了。

剩下的一个就是第四瓶,黄色的药丸。

所以综上所述,第一瓶是红色的药丸,第二瓶是绿色的药丸,第三瓶是黑色的药丸,第四瓶是黄色的药丸,第五瓶是蓝色的药丸。

167．优势

有优势。

假设朝上的是√,那么朝下是√或者是 × 的机会并不是 1/2。朝下是√的机会有两个:一个是第一张卡片的正面朝上时,另一个是第一张卡片的反面朝上。但朝下是 × 的机会,只有当第二张卡片正面朝上时的一种。也就是说,猜纸片的人只要回答朝上那面的图案,他就有 2/3 的机会赢。

168．被困的海盗

15621 个。解答方法很多,下面是最容易理解的一种:

假设给这堆椰子增加 4 个,则每次刚好分完而没有剩余。

解:设椰子总数为 $n-4$,天亮后每人分到的个数为 a。

$$\frac{1}{5} \times \frac{4}{5} \times \frac{4}{5} \times \frac{4}{5} \times \frac{4}{5} \times \frac{4}{5} \times n = a$$

$$\frac{1024}{15625} \times n = a$$

因为 a 是整数,所以 n 最小为 15625。

$n-4=15621$

还可以设最开始有 X 个椰子,天亮时每人分到 Y 个椰子,则可得:

$X=5A+1$

$4A=5B+1$

$4B=5C+1$

$4C=5D+1$

$4D=5E+1$

$4E=5Y+1$

化简以后得：$1024X=15635Y+11529$。

这是个不定方程，依照题目我们求最小正整数解。现在我们假设 $X1$ 是这个方程的一个解，则 $X1+15625$（$5^6=15625$，因为椰子被连续 6 次分为 5 堆）也是该方程的解，那么用个取巧的方法来解，就是设 $Y=-1$，则 $X=-4$。如果最开始有 -4 个椰子，那么大家可以算一下，无论分多少次，都是符合题意的。所以把 -4 加上 15625 就是最小的正整数解了，答案是 15621 个。

169. 大座钟报时

55 秒。虽然钟敲了 12 下，但中间的时间间隔只有 11 下，所以是 55 秒。

170. 偷运金属管

找一个长宽高都是 1 米的箱子，把钢管斜着放进去。因为 1 米见方的箱子的对角线正好超过 1.7 米，这样就符合规定了。

171. 警察抓小偷

试一下大家就会发现，小偷将一直领先一步，除非警察改变游戏的奇偶性。这点可以做到，只要警察走过三角形街区一次即可。所以警察的策略是前三步绕过三角形的街区回到原来的出发点，然后再开始向小偷靠近，并根据小偷的具体走法，作相应调整，只要保证向小偷的方向接近即可，十步之内一定可以将小偷堵在某个角落里而抓住他。

172. 快速煎饼时间

我们把饼的两个面分别叫作正面和反面，这样，用 30 分钟烤 3 张饼的方法如下。

第 1 个 10 分钟，煎第一张饼和第二张饼的正面。

第 2 个 10 分钟，先取出第二张饼，放入第三张饼，然后煎第一张饼的反面和第三张饼的正面，这样，第一张饼煎熟。第二张饼和第三张饼都只煎了正面。

第 3 个 10 分钟，煎第二张饼和第三张饼的反面，这样，只用 30 分钟就把 3 张饼都煎好了。

173. 地理考试

选 C。此题用假设法。假设甲 "3 是太湖" 的说法正确，那么 2 就不是巢湖。同时，2 也不是太湖，5 是巢湖（由戊所说推出），再根据丙所说知道 1 是鄱阳湖，然后根据乙所说得出 2 是洪泽湖，最后根据丁的说法知道 4 是洞庭湖。

174．汽车的牌子

如果罗伯特买的是奔驰，那第三句也是对的，所以罗伯特买的不是奔驰，故排除了B、C。根据选项，可以确定欧文买的是奔驰，也就是说第一句和第三句话都是错的，那只有第二句是对的，所以叶赛宁买的是本田，所以选D。

175．最终谁会赢

持第一个骰子的人会赢，他点数大的次数约占全部的55%，如下表所示。表中：L表示第二个人输，W表示第二个人赢。

次数	2	4	5
1	L	L	L
3	W	L	L
6	W	W	W

176．相互提问

小孩提问："有3个眼睛，6个鼻子，还有9条腿的，这是什么东西？"

大人想了半天，无奈地掏出100元给了小孩，小孩飞快地把钱收进了自己的腰包。大人想了想，不太服气，又问小孩："那你来说，你刚刚问题中的那个东西是什么？"小孩狡黠地一笑："其实我也不知道。"说完，掏出1元钱给了大人，然后迅速地走了……

177．狡诈的县官

县官拍案大怒道："大胆刁民，本官要你两只金锭，你说只收半价，我已把一只还给了你，就折合那一半的价钱，本官何曾亏了你！"

178．阿凡提的故事

阿凡提拿出钱袋，在巴依面前晃了晃，说："巴依，你听见口袋里响亮的声音了吗？"

"什么？哦，听到了！听到了！"巴依说。

"好，他闻了你饭菜的香气，你听到了我的钱的声音，咱们的账算清了。"

阿凡提说完，拉着穷人的手，大摇大摆地走了。

179．谁和谁配对

因为三个人都没有说真话，所以A不娶甲，甲不嫁C，所以甲只能嫁给B了。而C不娶丙，那么C只能娶乙了，剩下的A只能娶丙了。

180．寻宝的路线

路线是：A—G—M—D—F—B—R—W—H—P—Z。只有按这条路线走，才能做到从A到Z每个城镇走一次而不重复。

181. 确定起点

起点是左上角的格子 4↓,那些没有停留的方格呈现的数字为 31。建议倒过来从终点找起。

182. 藏起来的宝石

宝石的位置和数量如下表所示。

数量	1	1	1	3	1	2	1	3
1	→	0	↓	0	0	1	0	0
3	1	→	0	1	0	0	1	0
1	0	0	0	→	0	0	0	1
1	↑	0	↗	→	0	0	0	1
1	↗	1	0	0	↓	0	0	0
2	0	0	↖	1	1	0	0	←
3	→	0	1	1	↗	1	0	0
1	↗	0	0	→	↗	0	0	1

183. 丈夫的特异功能

他是利用了毛玻璃的特性。我们知道毛玻璃一面光滑,一面不光滑。一般的玻璃门都是光滑的一面冲外,不光滑的一面冲内。但只要在不光滑的一面加点水,使玻璃上面的细微凹凸变成水平,毛玻璃就变得透明了,可以清楚地看到房中发生的一切。

184. 判决

法官判住宅的居住权归孩子所有,离异的父母定期轮流返回孩子身边居住,履行义务,直到孩子长大成人。

185. 不可能的分数

甲的情况是可能的。6 次射击都中靶,而总分又只有 8 分,不可能有一次得 5 分以上,最多只有一次得 3 分。这样其余 5 次各得 1 分,即 8=1+1+1+1+1+3,而且这是唯一的答案。

乙的情况是不可能的。因为 6 次射击都中靶,每次最多得 9 分,9×6=54(分),比 56 分小,所以,这是不可能的。

丙的情况是可能的。并且有好几种可能性,即答案不是唯一的。总分是 28 分的一共有 16 种情况。

丁的情况是不可能的。因为中靶的分数都是奇数,6 个奇数的和一定是偶数,而 27 是奇数,所以不可能。

186．谁是肇事者

利用排除法可以知道,选 C。

187．水果卖亏了

原来 1 个苹果可卖 1/3 元,1 个梨卖 1/2 元,平均价格是每个（1/2+1/3）÷2=5/12（元）。但是混合之后平均 1 个水果卖 2/5 元钱,比以前的平均价格少了 5/12−2/5=1/60（元）。60 个水果正好少了 1 元钱。

188．热气球过载

谁最胖就把谁扔出去。

189．什么关系

王局长是女的。

190．奇怪的数列

规律就是:从第二列开始,表示上一列某个数字的个数。

例如,第一列只有 1,第二列则为 1,1 表明上一行是 1 个 1;而第三列的 2,1 则表示第二列为 2 个 1;第四列的 1,2,1,1 表示第三列为 1 个 2,1 个 1。

以此类推。

这样我们根据这个规律就可以推理出如下内容。

第八列为:1,1,1,3,2,1,3,2,1,1。

第九列为:3,1,1,3,1,2,1,1,1,3,1,2,2,1。

至于什么时候可以出现 4 这个数字?

答案是永远也不会出现 4。

因为如果出现 4 说明上一行有 4 个相同的数字,这是不可能出现的。

例如,如果出现"1,1,1",1 代表的是 1 个 1,接着还是 1 个 1,这样当然会表示为"2,1"了。

191．吃饭

两姐妹交换了饭碗,都吃对方碗里的饭。

192．丢失的螺丝

从其他 3 个轮胎上各取下 1 个螺丝,用 3 个螺丝固定刚换下来的轮胎,可以勉强开到修车厂。

193．对谁更有利

学生甲想:"如果我的钱多,我就会输掉这些钱;如果他的钱多,我就会赢到他所有的钱。所以赢的要比输的多,这个游戏对我有利。"同样的道理,学生乙也觉得这个游戏对他有利。那么,同一个游戏怎么会同时对双方都有利呢? 大家仔细想一想吧!

194．骑不到的地方

可能。爸爸的脖子。

195．如何活命

把药片全部碎成粉末,搅匀后平均分成 10 份,一天吃一份。

196．装睡

不是的,哥哥没有特异功能。哥哥每次见到弟弟在睡觉的时候都会说:"你在装睡! "因为如果弟弟真的装睡,就会听见;而当弟弟真的睡着的时候,他不会知道哥哥在说话。所以他知道的每一次都是对的,并不是哥哥有特异功能。

197．他在干什么

在听英语录音练习口语。

198．上当的国王

罪犯说:"我得慢慢地品味着读,每天只读几个字。"因为国王许可他读完《圣经》再被处死,并没有讲什么时候读完。

199．聚餐

需要 15 分钟。把原料一起下锅炸,在各人喜欢的时间捞出即可。

200．最轻的体重

完全有可能。最轻的体重出现在她出生的时候。

201．怎么摆放最省力

一样的。不管怎么摆,货物的总重量不会变。

202．两根金属棒

拿其中的一根靠近另一根的中间,如果有吸力,那这根就是磁铁。

203．逃离食人族

如果第一个碗是"活",那么 2、3 两句都是对的,故不选。
如果第二个碗是"活",那么 1、3 两句都是对的,故不选。
如果第三个碗是"活",则只有第 1 句是对的,符合题意,所以要选择第三个碗。

204．偷换概念

这是个偷换概念的问题,每人每天 9 元,一共 27 元,老板得到 25 元,伙计得到 2 元,

27=25+2。不能把客人花的钱和伙计得到的钱加起来。

205．比赛

因为两人都在一楼商场门口，基德上3楼，只要爬两层。而柯南下地下3层要下三层楼，柯南一定会输的。

206．无法滚动的球

要想拿走球而不被发现，只有拿那些缺少了它，别的球仍然不会移动位置的球。

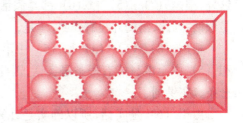

比如图中的空白区域，把这几个球拿走，由于其他球的支撑，其余的球都不会发生滚动。

所以最多可以取走6个球，取法如右图所示。

207．饭店的门牌

敲挂有"男女"牌号的房间。因为确定每个牌子都是错的，所以挂有"男女"牌子的房间一定是只有男，或者只有女，听声音很容易就能判断出来了。确定了这个，其他两个也就出来了。

208．禁止通行

他在看守刚进小屋的时候开始过桥，大约5分钟，他走到了桥中心，然后他转个身往回走。这时，正好看守会出来巡视，发现他以后，会叫他回去，也就是返回到他想去的那个村子，这样就可以顺利地过去了。

209．两个空心球

把两个球都加热到相同的温度，然后同时放入同等质量的水里，测水的温度升高情况，温度升得高的就是比热容大的，铅的比热容大于金，所以水温高的就是铅球。

第六部分　真假大辩论

210．说谎的嫌犯

因为年轻人说他们正在准备吃烤好的兔子，朋友才被人杀死的。而警察来时，死者已经死亡一个小时了。在这么长的时间里，那只烤好的兔子竟然还没有烤焦，而是油汪汪的，发出迷人的香气，说明年轻人在说谎。

211．谁打碎的花瓶

分别假设打碎花瓶的是其中的一人，做出推论，看是否符合要求就行。

如果打碎花瓶的是甲，那么甲、丙说的是对的。

如果打碎花瓶的是乙，那么甲、戊、丙说的是对的。

如果打碎花瓶的是丙，只有甲说的是对的。

如果打碎花瓶的是丁,那么甲、乙说的是对的。

如果打碎花瓶的是戊,那么甲、丁说的是对的。

所以打碎花瓶的只能是丙,甲说的是对的。

212. 三人的供词

供词(2)和(4)之中至少有一条是实话。如果(2)和(4)都是实话,那就是汤姆作的案;这样,根据(7)、(5)和(6)都是假话。但如果是汤姆作的案,(5)和(6)就不可能都是假话,因此,汤姆并没有作案,于是,(2)和(4)中只有一条是实话。

根据(8),(1)、(3)和(5)中不可能只有一条是实话;而根据(7),现在(1)、(3)和(5)中至多只能有一条是实话,因此(1)、(3)和(5)都是假话,只有(6)是另外的一条真实供词了。

由于(6)是实话,所以确实是计算机高手作的案。还由于根据前面的推理,汤姆没有作案;(3)是假话,即约翰不是计算机高手;(1)是假话,即吉姆是计算机高手。从而(4)是实话,(2)是假话,则结论是吉姆作的案。

213. 真假分不清

A说B叫真真,这样无论A说的是真话还是假话,都说明A不会是真真,因为他如果说的是真话,那么B是真真;如果他说的是假话,那么说假话的不会是真真。

而B说自己不是真真,如果是真话,那么B不是真真;如果是假话,那么说假话的B当然也不是真真。

由此可见叫真真的只能是C了。

而C说B是真假,那么B一定就是真假了,所以A就只能是假假了。

214. 今天星期几

设这两个人分别为A、B,分为以下四种情况讨论。

(1) A、B说的都是真话。A、B在同一天说真话只能在星期日,但是星期日B成立,A不成立,所以这种情况不可能。

(2) A、B说的都是谎话。但是在一周内A、B不可能同一天说谎话,所以这种情况不可能。

(3) A说的是真话,B说的是谎话。A在每周二、四、六、日说真话,B在每周二、四、六说谎话。A只有在周日说真话时,前天(周五)才是他说谎话的日子,但是这天B应该说真话,所以这种情况不可能。

(4) A说的是谎话,B说的是真话。A在每周一、三、五说谎话,B在每周一、三、五、日说真话。在周三、五、日都不符合,因为在周三时B在说真话,而周三的前天(周一)在说真话,但是B对外地人用真话说自己周一说谎话,相互矛盾。同理,周五也矛盾,所以只有周一符合。周一时,B用真话对外地人说自己前天(周六)说谎话,周六时B的确说的谎话。A用谎话对外地人说自己前天(周六)说谎话,其实周六时A在说真话,这时正是A在用谎话骗外地人说自己前天说谎话。

综上所述,这一天只能是周一。

215.哪天说实话

如果第二天说的是真话,那么第一天和第三天说的也都是真话了,矛盾,所以第二天肯定是谎话。

如果第一天说的是谎话,那么星期一和星期二两天里必然有一天是说真话。

同理,如果第三天说的是谎话,星期三和星期五两天里也必然有一天说真话。

这样,第一天和第三天的两句话不可能都是谎话,说真话的那一天是第一天或第三天。

假设第一天说的是真话,因为第三天说的是谎话,所以第一天是星期三或星期五,第二天是星期四或星期六,这样就使得第二天说的也是真话了,矛盾。所以,第一天和第二天是谎话,第三天是真话。

因为第一天说的是谎话,所以说真话的第三天是星期一或星期二,又因为第二天不能是星期日,所以第三天只能是星期二,也就是第一天是星期日,第二天是星期一,第三天是星期二;A在星期二说真话。

216.走出迷宫

走第三条路。

如果第一个路口写的是真话,那么它就是出口,则第二个路口的话也是正确的,这和只有一句话是真话相矛盾。

如果第一个路口写的是假话,第二个路口的话是真的,那么它们都不是通往出口的路,所以真正的路就是第三条。

217.分辨吸血鬼

第一个问题:你神志清醒吗?回答"是"就是人,回答"不是"就是吸血鬼。

或者问:你神经错乱吗?回答"不是"就是人,回答"是"就是吸血鬼。

第二个问题:你是吸血鬼吗?回答"是"就是神经错乱的,回答"不是"就是神志清醒的。

或者问:你是人吗?回答"是"就是神志清醒的,回答"不是"就是神经错乱的。

218.开箱子

打开第二个箱子。

第一个箱子上的话是假的,如果它是真的,那么第二个箱子的话也是真的,这是矛盾的。

第一个箱子上的假话有三种可能:第一个箱子上的话前半部分是假的;后半部分是假的;都是假的。如果前半部分是假的,并且第二个箱子上的话是假的,这时根据第二个箱子的判断,珠宝在第二个箱子里,矛盾;如果后半部分是假的,并且第二个箱子上的话是真的,可以判断珠宝在第一个箱子里,也矛盾。所以,第一个箱子上的话都是假的,这时珠宝在第二个箱子里,并且第二个箱子里的话是假的。

219．四位证人

因为王太太说了真话，由此可以推断赵师傅作了伪证，再进一步推断张先生和李先生说的都是假话，从而可以判断 A 和 B 都是凶手。

220．谁偷了金表

是丁。

具体推理如下。

（1）如果甲说的是真话，小偷是乙，则乙说的是假话，那丙、丁说的又成了真话。有三句真话，不符合题意，说明小偷不是乙。

（2）如果乙说的是真话，丙是小偷，甲说的是假话，丙说的是假话，丁说的又成了真话。有两句真话，不符合题意，说明小偷不是丙。

（3）如果丙说的是真话，那么小偷不是丙，但不一定是乙。分两种情况：

① 乙不是小偷，这样甲说的是假话，乙说的是假话，而又因为只有一句真话，那么丁说的也是假话，则小偷是丁。

② "乙是小偷"是不成立的，因为这样甲又说真话了。

（4）如果只有丁说的是真话，那么甲说了假话，乙说了假话，丙也说了假话，而乙、丙不能同时为假，这样又矛盾了。

因此答案是：丙说的是真话，丙不是小偷，乙不是小偷，这样甲说的是假话，乙说的是假话，而又因为只有一句真话，丁说的也是假话，那么小偷就是丁。

221．谁偷吃了糖果

是 C 偷吃了糖果，只有 D 说了实话。用假设法，分别假设 A、B、C、D 说了实话，看是否与已知条件发生矛盾即可。

222．谁是主犯

乙是主犯。

因为甲和丁说的一致，而又只有一个人说了真话，也就是说甲和丁说的都是假话，所以丙不是主犯，只有乙是主犯了。说了真话的只有丙，其他人说的都是假话。

223．谁偷吃了蛋糕

C 说谎，A 和 C 都吃了一部分。因为如果 A 说谎，则 B 也说谎；若 B 说谎，则 A 也说谎，所以只能是 C 说谎。既然 C 是在说谎，那么只有 A 和 C 都吃了才能成立。

224．真假难辨

李四说的是真的。

证明：如果张三说的是真的，那么李四说的是假的，王五说的是真的，张三说的是假的，矛盾。

如果李四说的是真的，那么王五说的是假的，张三、李四中至少有一个人说的是真的；若张三说的是真的，那么李四说的就是假的，矛盾；若张三说的是假的，那么李四说的就是真的,成立。

如果王五说的是真的,那么张三、李四说的都是假的;根据张三说的是假的可知,李四说的是真的,矛盾,所以李四说的是真的。

225．推算日子

根据(3)、(4)可知,下午下雨的日子比上午下雨的日子多一天,而且上午或下午下雨的情况有 7 次,所以上午下雨 3 次,下午下雨 4 次。则一共住了 4+5=9(天)。

226．五个儿子

老大、老四和老五有钱,说假话;老二和老三没钱,说真话。

推理过程:

从老五的话入手,老大承认过他有钱,这句话一定是假话。

因为如果老大有钱,他不会说自己有钱;如果老大没钱,他也不会承认自己有钱。所以老五说的是假话,老五有钱,老三没钱。

说实话的老三说:"老四说过,我们兄弟五个都没钱。"说明老四有钱。

老四说:"老大和老二都有钱。"说明老大和老二中至少有一个没钱。

老大说:"老三说过,我的四个兄弟中只有一个人有钱。"

现在已经确定老三说实话,而且老四、老五都有钱了,所以老大说的是假话,老大有钱,而老二没钱。

227．谁得了大奖

是乙。显然如果是甲、丁、戊三人中的一个人,那么乙和丙就都猜对了,与题目矛盾。如果是丙,那么甲和乙的话就是正确的;如果是乙,只有丙说的话是正确的。

228．从实招来

不管 A 是不是盗窃犯,他都会说自己"不是盗窃犯"。

如果 A 是盗窃犯,那么 A 说的是假话,这样他必然说自己"不是盗窃犯"。

如果 A 不是盗窃犯,那么 A 说的是真话,这样他也必然说自己"不是盗窃犯"。

在这种情况下,B 如实地转述了 A 的话,所以 B 说的是真话,因而他不是盗窃犯。C 有意地错述了 A 的话,所以 C 说的是假话,因而 C 是盗窃犯。至于 A 是不是盗窃犯,则不能确定。

229．三个问题

这个问题有点复杂。

首先,向 A 问第一个问题。

如果我问你以下两个问题:"Da 表示对吗?你说真话吗?"你的回答是一样的,对吗?

如果 A 说真话或假话,并且回答是 Da,那么 B 是随机答话的,从而 C 是说真话或假话;

如果 A 是说真话或假话，并且回答是 Ja，那么 B 不是随机答话的，从而 B 是说真话或假话；

如果 A 是随机答话的，那么 B 和 C 都不是随机答话的。

所以无论 A 是谁，如果他的答案都是 Da，则 C 说真话或假话；如果他的答案是 Ja，则 B 说真话或假话。

不妨设 B 说真话或假话。

向 B 问第二个问题。

如果我问你以下两个问题："Da 表示对吗？""罗马在意大利吗？"你的回答是一样的，对吗？

如果 B 是说真话的，他会回答 Da；如果 B 是说假话的，他会回答 Ja，从而我们可以确认 B 是说真话的还是说假话的。

向 B 问第三个问题。

如果我问你以下两个问题："Da 表示对吗？""A 是随机回答吗？"你的回答是一样的，对吗？

假设 B 是说真话的，如果他的回答是 Da，那么 A 是随机回答的，从而 C 是说假话的；如果他的回答是 Ja，那么 C 是随机回答的，从而 A 是说假话的。

假设 B 是说假话的，如果他的回答是 Da，那么 A 是不是随机回答的，从而 C 是随机回答，A 是说真话的；如果他的回答是 Ja，那么 A 是随机回答的，从而 C 是说真话的。

230．该释放谁

是一人，仅释放了 D，其余全说了谎。

231．零用钱

可以用假设法。

如果第一只碗里有钱，那么第二、三只碗上的话就是真的，所以假设错误。

如果第二只碗里有钱，那么第一、三只碗上的话就是真的，也不对。

如果第三只碗里有钱，那么只有第一句话是对的。所以，钱在第三只碗里。

232．丙会如何回答

首先，我们可以假设甲是诚实的。也就是说，甲的回答是正确的。甲回答说："不，乙没有说谎。"那么，可以推出乙也是诚实的。

又因为乙的回答是："丙在说谎。"所以，丙确实是在说谎。这样，说谎话的丙肯定会说谎话，即他会说："甲在说谎。"

相反，如果我们假设甲是说谎者。则甲所说的话都是谎言，甲回答说："不，乙没有说谎。"这就说明乙在说谎。

因为乙回答："丙在说谎。"所以，丙就应该是诚实的。而诚实的丙应该如实回答："甲在说谎。"

这样，综合前面两种假设，无论在哪种情况下，丙都会回答："甲在说谎。"

233．亲戚关系

从（1）、（2）和（3）说的话入手：

（1）说 b 是我父亲的兄弟，（2）说 e 是我的岳母，（3）说 c 是我女婿的兄弟。

说明 b 和 c 是兄弟关系，b 是 e 的女婿。那么（2）是 b，（3）是 e。

（4）说 a 是我兄弟的妻子。

b 已经说过话，说明第（4）句是 c 说的，a 是 b 的妻子。

那么关系很明确了：岳母 e，女儿 a，女婿 b，女婿兄弟 c。

（1）说 b 是我父亲的兄弟，说明（1）是 c 的子女，女婿兄弟的子女 d。

234．完美岛上的部落

A：妻子,诚实部落,阿尔法,部落号为 66；

B：丈夫,说谎部落,伽马,部落号为 44；

C：儿子,贝塔,部落号为 54。

首先确认 A 是丈夫还是妻子,是诚实还是说谎。从 A 讲的话入手,A 可能是诚实丈夫、说谎丈夫、诚实妻子、说谎妻子和儿子。

如果 A 为诚实丈夫,那么 B、C 的组合必为"B：说谎妻子,C：儿子"或者"B：儿子,C：说谎妻子"。如果 B 是儿子,那么 B 的 1、4 两句话是假话,不符合儿子的说话特点。如果 C 是儿子,2、4 两句话又存在矛盾,所以这种情况是不可能的。

如果 A 为说谎丈夫,那么 B、C 的组合必为"B：诚实妻子,C：儿子"或者"B：儿子,C：诚实妻子"。如果 B 是诚实妻子,那么 B 的 1、4 两句话都是假话,与诚实妻子的性格不符。如果 B 是儿子,B 的 1、4 两句话也都是假话,与儿子的性格特点也不符。所以这种情况是不可能的。

如果 A 为说谎妻子,那么 B、C 的组合必为"B：诚实丈夫,C：儿子"或者"B：儿子,C：诚实丈夫"。如果 B 是诚实丈夫,那么 B 的 1、4 两句话都是假话,与 B 的性格不符。如果 B 是儿子,那么 B 的 1、4 两句话也与儿子的性格不符。这种情况也不可能。

如果 A 为儿子,那么 A 的 2、3 两句话都是假话,不符合儿子的特点,仍然不合条件。

所以 A 只能是诚实妻子,而 B 是说谎丈夫，C 是儿子。

然后再根据每个人说话的特点,就可以得出几个人的名字和部落号了。

235．几个骗子

酋长是骗子,整个部落共有 36 个人。

整个部落的人都围在餐桌旁吃饭,并且都说左边的人是骗子。也就是说骗子说自己左边的人是骗子,骗子的左边必为老实人；老实人说自己的左边是骗子,那老实人的左边就是骗子。所以一定是老实人和骗子交叉着坐的,那么部落里的人数就应该是偶数。而酋长老婆的话就应该是对的,部落里共有 36 个人,酋长是个骗子。

236．说谎国与老实国

其实只要看丙说的话和"只有一个老实人"这一条件就可以得出答案了。因为不管是老实的人还是说谎的人，被人问起，必然回答自己是老实国的人，即丙的话是如实反映乙的话的，则丙必为老实国人。另外两个都是说谎国的人。

237．君子小人村

一个村民无论是君子还是小人，都不可能说出"我是小人"这句话，因为君子不会谎称自己是小人，小人也不会承认自己是小人，所以，甲永远不会自称小人，即乙说的"甲说他是小人"是在撒谎，因此，乙是小人；丙说了真话，是君子。

首先要看出一点：乙与甲既然出语矛盾，必定不是同一类人。这两个人一个是君子，一个是小人。现在假设甲是君子，就有两个君子在场了，因此甲是不会谎称只有一个的；反之，假使甲是小人，就真的是只有一个君子在场了，这时候甲身为小人，是不会说实话的。所以，甲怎么也不会说他们中间只有一个君子。这样看来，乙是在假传甲的陈述，可见乙是小人，丙则是君子。

238．谁是小人

我们先假设甲是小人。既然小人说假话，甲的陈述"我们当中至少有一个是小人"就是假的，因此他们理应都是君子，这是不可能的。所以，甲并不是小人而是君子，他的陈述必定是真的，他们当中确实至少有一个是小人。既然甲是君子，那小人只能是乙，所以，甲是君子，乙是小人。

我们再来看问题2，甲作了一个陈述："或者我是小人或者乙是君子。"假定甲是小人，他这个陈述必定假。这意味着"甲是小人"和"乙是君子"都不真。如此说来，假使甲是小人，倒要推出他不是小人，这是一个矛盾，所以，甲只能是君子。

既然甲是君子，他的陈述就是真的，下面两种可能性中至少有一个要成立：A甲是小人，B乙是君子。

由于甲是君子，A的可能性成了泡影。既然如此，对的只能是B，即乙是君子，因此，甲、乙都是君子。

第三问中，如果甲是君子，他的话中"我是小人"就是假话了，和他身份不符，所以甲是小人。既然甲的陈述是假的，而"我是小人"这部分是真的，那"乙是君子"这部分就是假的，也就是乙也是小人。

239．三个村民

首先，甲肯定是小人，因为假设他是君子，他们三个人就不全是小人了，和他说的话矛盾。因此，甲的陈述是假的，他们中间至少有一个是君子。

姑且假定乙也是小人，丙就必须是君子了。这意味着他们中间恰好有一个是君子，乙的陈述也就成了真的，和乙的小人身份不符，所以，乙只能是君子。

现在已经知道甲是小人、乙是君子了。既然乙是君子，他的陈述就是真的，他们中间恰好有一个君子，因此丙必定是小人。由此可见，甲是小人，乙是君子，丙是小人。

首先，由前一题的推理可以知道甲肯定是小人，因此他们中间至少有一个君子。假设乙是小人，那只能丙是君子；假设乙是君子，他们当中就只能有一个是小人，而甲已经是小人了,丙就必须是君子了。

可见甲是小人,丙是君子,乙则无法确定。

240．问的人是谁

解这道题的关键信息是:路人听了回答后就知道真正的答案了。

我们把两个村民叫作甲和乙,并假定回答问题的人是甲。如果甲的回答为"是",那么可能甲是君子而真心答"是",也可能甲是小人而假意答"是",这样路人是没办法知道正确答案的,所以甲的回答肯定是"否"。

假设甲是君子,他答"否"就不是真话了,所以甲是小人。既然他答的"否"是假话,那么至少有一个君子在场,因此,甲是小人,乙是君子。

241．回答相同吗

他俩的回答必然是相同的。如果他们都是君子,他们都要答"是";如果他们都是小人,他们又都要答"是";如果一个是君子、一个是小人,君子要答"不",小人也要答"不"。

242．谁是凡夫

首先,因为君子是从来不会自称凡夫的,甲不可能是君子,该是小人或凡夫。

姑且假定甲是凡夫,则乙的陈述便是真的,他该是君子或凡夫。但甲已经是凡夫了,乙只能是君子。剩下的丙只能当小人了,然而小人是不会自称不是凡夫的,相互矛盾。所以,甲不可能是凡夫,只能是小人。乙的陈述为假,他必定是凡夫。由此可见甲是小人,乙是凡夫,丙是君子。

243．等级关系

首先甲不可能是君子,因为说一个君子比别人等级低,这总不会是真话。现在,假定甲是小人,他的陈述便是假的,其实他并不比乙等级低,于是乙也只能是小人。如此说来,假使甲是小人,乙也是小人。但这是不可能的,原因在于甲、乙出语矛盾,而两个矛盾的论断不会都假,可见,假定甲是小人是要引起矛盾的,所以甲不是小人,他只能是凡夫。

假使乙是君子,身为凡夫的甲就确实要比乙等级低了,甲的陈述就真了,乙的陈述就假了,这和乙的君子身份不符,可见,乙不是君子。假定乙是小人,甲的陈述就假了,乙的陈述就真了,和乙的小人身份不符,可见,乙也不会是小人,因此,乙也是凡夫。

所以答案是:甲、乙都是凡夫,甲的陈述是假的,乙的陈述是真的。

244．如何回答

如果甲是君子,乙就确实要比丙等级高,因此,乙必定是凡夫,丙必定是小人,可见,在这种情况下,丙不是凡夫;如果甲是小人,则乙其实不比丙等级高,反而比丙等级低,所以,乙必定是凡夫,丙必定是君子,可见,在这种情况下,丙又不是凡夫;如果甲是凡夫,在这种情况下,丙一定不是凡夫,因为甲、乙、丙之中只有一个是凡夫,总之,丙不是凡夫。

同理可以从乙的陈述推出甲不是凡夫。由此可见,甲和丙都不是凡夫,所以,乙才是凡夫。

既然丙不是凡夫，他或是君子或是小人。假定丙是君子，那么由于乙是凡夫，甲便是小人，因此，乙比甲等级高。身为君子的丙会据实相答："乙等级较高。"反之，假定丙是小人，那么甲必定是君子，乙也就不比甲等级高了。这时，身为小人的丙会谎称："乙比甲等级高。"总之，不管丙是君子还是小人，他总会这样回答："乙比甲等级高。"

245．是同一类人吗

A 实际上是说并非 X 有罪而 Y 无罪，这不过是用另一种方式说或者 X 无罪或者 Y 有罪，因而 A 与 B 其实说的是一回事，措辞不同而已。所以他俩的陈述或者都真或者都假，可见 A 与 B 必定同类。

246．接受采访

假设 A 是君子，B 也是，因为 A 说 B 是，于是，B 的陈述"如果 A 是君子那么 C 也是"是真的。但根据假设，A 是君子，所以，在 A 是君子的假设之下，C 是君子。

我们刚才已经证明了"如果 A 是君子那么 C 也是"。B 正是这么说的，因此 B 是君子。既然如此，A 的陈述"B 是君子"就是真的，可见 A 也是君子。我们又证明了"如果 A 是君子，那么 C 也是"，所以，三个都是君子。

247．仓库遭窃案

问题一选 A，问题二选 B。

248．聪明的仆人

仆人问其中任意一个丫鬟："请问，如果我问她（指着另一个丫鬟）哪个纸条写着'重罚'，她会怎么说？"丫鬟回答后，仆人只需选丫鬟指的那个即可。

249．谁打碎了花瓶

小二和小四打碎的花瓶。

根据小四的话"反正不是我"，所以肯定是小四打碎的花瓶。

根据小六的话："是我打碎的花瓶，小二是无辜的。"所以小二打碎了花瓶。

250．8 名保镖

这 8 名保镖的谈话可以分成三组。

第一组是 A、H 和 E、F。A、H 的说法一致，E、F 的说法和 A、H 矛盾，因此要么 A、H 猜对，要么 E、F 猜对。

第二组是 B、D。这两人的说法矛盾，因此要么 B 猜对，要么 D 猜对，这组必有一人猜对。

第三组是 C、G，G 的说法包含了 C。如果 C 击中，则两人都猜错；如果 G 击中，则两人都猜对；如果别人击中，则一对一错。

有 3 人猜对，就说明第三组都猜错，也就是 C 击中。

251．4个男孩

甲、乙两人的答案不同,所以一定有一个在说谎。也就是说,丙和丁说的都是实话,所以,丙不是最帅的,也就是说乙说的是假话,这样就可以得到顺序为:乙、丙、甲、丁。

252．4个人的口供

分别假设作案者是其中一人,再做出推论,看是否符合要求即可。

如果作案者是甲,那么乙、丙、丁说的都对。

如果作案者是乙,那么甲、丙、丁说的都对。

如果作案者是丙,那么只有丁说得对,符合要求。

如果作案者是丁,那么丙、丁说的都对。

所以作案者是丙,丁说的是真话。

253．中毒身亡

如果说谎的是B的妻子,则右手边起顺序须为:A—C—D—B—A。

如果说谎的是C的妻子,则右手边起顺序须为:A—C—B—D—A。

如果D的妻子说谎,则D坐在A的对面,那么B的妻子也说谎了,不符合。D的妻子没说谎,那么D要么坐在A的左边,要么右边,不可能坐在A的对面,由此可以证明B的妻子不可能说谎。所以是C的妻子说谎了,凶手就是C。

第七部分　丰富的联想

254．包公破案

包拯令人张榜招贤,说包府要招几个有文采的人帮助包拯处理公务。几天内,远近数十名书生慕名而来。而包拯设的题目就是对对联,上联为"等灯登阁各攻书",结果只有一人对了出来,即"移椅倚桐同赏月"。包拯立即把他拿下,调查发现他与新郎同在一家学馆读书。经过审问,得知就是他骗奸了新娘。

255．假币

因为这张假币与真币很接近,只是颜色和真币有区别,而且这个区别比较明显,连小明都可以轻易认出来,更别说是经常接触钱的妈妈。唯一的可能就是那个买水果的人只用一张百元钞票,妈妈没有真币和它对照,才误收了假币,所以就是那个只用了一张百元钞票的小伙子给的假币。

256．辨认抢劫犯

是流浪汉甲做的,因为警察只是说发生了劫案,并没有说劫匪潜水从河中逃过对岸,而流浪汉甲却知道,说明是他做的。

257．谁是受害者

假设甲是受害者，那么丙的话虽然说的是受害者却又是真的，所以甲不可能是受害者。

假设乙是受害者，那么甲和丁的发言虽然说的是被害者却又是真的，所以，乙不可能是受害者。

假设丁是受害者，那么乙的话说的是受害者却又是真的，所以丁不可能是受害者。

综上可知，丙就是受害者。

258．细心的保安

因为保安发现其他人的雨伞都是湿的，而这个人的雨伞却是干的，说明她不是早上进去的。

259．开玩笑

是那个玩滑板的孩子做的，他把自行车锁着的前轮放在滑板上固定好，靠后轮驱动着车子，把车子骑走了。

260．中毒还是谋杀

因为教授经常进行野外实地考察，很有经验，是不会把帐篷搭在大树底下的，因为那样遇到雷雨天气容易遭到电击，所以现场一定是学生布置出来迷惑警察用的。

261．绑架设想

的确，理论上是万无一失的，但人在执行的时候总会出一些纰漏。这个新绑匪在荒郊野地里找不到公用电话，只好用自己的手机与家长联系，其实就算拿手机联系了也不算什么，拿到钱直接把手机处理掉就可以了，但是这个新绑匪拿到钱后有点儿得意忘形，手机还放在身上，结果被警察定位后逮了个正着。

262．骗保险金

因为如果是被盗，小偷不会费劲撬开门之后只偷走其中一张最珍贵的邮票，而应该全部拿走，因为它们都很值钱。

263．百密一疏

因为在海上都有雷达监控着，箱子是铝合金的，会被雷达发现，警察根据雷达显示的情况找到了富翁藏匿赃款的地方。

264．密室盗宝

是富翁自己偷了自己的钻石。他先准备两个一模一样的盒子，把钻石放到一个盒子里，再把另一个盒子放到密室中。那个著名的大盗和这个根本没有关系。

265．检验毒酒

最少 10 个人就够了。

把 10 个人编号为 1 ~ 10,再把 1000 瓶酒用二进制编号,分别为 0000000000,0000000001,…,1111111111,一共有 1024 种组法。把每种组法对应一瓶酒,足够 1000 瓶酒。酒的编号中第几位为 1,就把该酒喂给第几个人,最后看死了哪几个人,便可以判断出哪瓶酒有毒了。

266．被小孩子问倒了

大约过了一个月,我又去拜访那位教授。大的那个孩子见到我就问:“大哥哥,有件事我老想不通,想问问你。”

我说:“什么事啊?”

他说:“上次你说的那句咒语,当初你是怎么学会的啊?”

267．我撒谎了吗

虽然从逻辑上讲,我当时说的是真话,因为如果说我的回答是假话就会引起矛盾。但在当时,我确实觉得自己的回答是在撒谎。

从我的那次面试经历可以引申出一个问题:一个人难道不知道自己在撒谎吗?应该是不可能的。我认为,所谓“撒谎”并不是指一个人说的话不符合事实,而是指说话的人相信自己说的话是假的,即使你说的话符合事实,但只要你自己相信那是假的,我也会说你是在撒谎。

心理学里有这样一个例子可以很好地说明撒谎的含义。一个精神病院的医生们有心要放一个精神分裂症患者出院,决定替他做一次测谎器检查。医生问精神病人:“你是超人吗?”病人回答:“不是。”结果测谎仪嘟嘟嘟响了起来,表示病人在撒谎。

268．第一现场

因为药箱内的体温计也被烤热了,达到了 42℃。普通病人的体温无论如何都不可能达到 42℃,加上外面的温度又很低,所以可以断定这里不是第一现场,一定是有人将他从热的地方搬过来的。

269．锦囊妙计

第一个问题是:如果下一个问题是你愿意不愿意请我吃顿饭,你的答案是否和这个问题一样? 第二个问题是:你是否愿意请我吃顿饭?

如果老板的第一个问题的答案是“是”,那第二个问题他必须要回答“是”,小刘就能免费吃到饭了。

如果老板的第一个问题答“不是”,那第二个问题他还是必须答“是”,所以小刘总能免费吃一顿。

270．司机去哪里了

山本司机被副驾驶员杀害了,然后尸体被投入蒸汽机车的锅炉中烧掉了。

271．选择箱子

这是一个新的悖论,而专家们还不知道如何解决它。

这个悖论是物理学家威廉·纽科姆发明的,称为纽科姆悖论,哈佛大学的哲学家罗伯特·诺吉克首先发表并分析了这个悖论。他分析的依据主要是数学家称为"博弈论"或"对策论"的法则。

男孩决定只拿 B 箱是很容易理解的。为了使女孩的论据明显起来,要记住欧米加已经走了。箱子里也许有钱,也许空着,这是不会再改变的。如果有钱,它仍然有钱;如果空着,它仍然空着。让我们思考一下这两种情况。

如果 B 中有钱,女孩只拿箱子 B,她得到 100 万美元;如果她两个箱子都要,就会得到 100 万美元加 1000 美元。

如果 B 箱空着,她只拿 B 箱,就什么也得不到;但如果她拿两个箱子,她就至少得到 1000 美元。

因此,每一种情况下,女孩拿两个箱子都多得 1000 美元。

272．探险家的位置

流行的答案是这杆旗插在了北极点上,因为在北极点上,所有方向都是南。所以,如果旗是在北极点上,探险家在它南边 100 米往东走了 100 米,旗还是在他的正北方向。

但其实这并不是唯一的解,这道题的解是无穷多的。例如,在很靠近南极点的某个地方,穿过这个地方的纬线周长恰好是 100 米,探险家把这杆旗插在这条纬线北边的 100 米处。这样探险家从这杆旗出发往南走 100 米到达这根纬线,沿着纬线往东走 100 米,就正好是绕着南极点转了一圈回到起点。同理,纬线的周长也可以是 50 米或者 25 米等,这样探险家就是绕着南极点转了两圈、三圈,等等。

273．金属棒上的图书馆

地球人对外星科技在数据压缩上的超高效率感到惊讶,就请教怎么用一根短短的金属棒记录下所有图书馆里藏书内容的方法。

外星人答道:"我先把你们地球人用的字母、数字、符号等用数字一一编号,零用来做分隔符号。比如 cat 这个单词就编号为 301022。我再用快速扫描装置扫描这些书的内容,所有书的内容合并成一串长长的数字。这串数字前面加一个小数点,它就变成了一个小数。最后我在这根 1 厘米长的金属棒上标记出刚才那个小数对应的点,所有书的内容就被我记录下来了。"

274．扑克牌的顺序

按照上面的洗牌规则,假设原来排在第 x 张的牌经过一次洗牌后会排在第 y 张,由题意可知:

当 $1 \leqslant x \leqslant 26$ 时, $y=2x-1$;

当 $27 \leqslant x \leqslant 52$ 时, $y=2x-52$。

跟踪每一张牌在各次洗牌后的位置,我们可以发现每次洗牌后都会出现以下几个不变的规律。

（1）原来编号为 1 和 52 的两张牌的位置是一直不变的，1 号在最下面，52 号在最上面。

（2）原来的第 18 号、第 35 号两张牌的位置是不停互换的，即洗 1 次会让 35 在前面，洗 2 次则 18 在前面。也就是说如果洗的次数是偶数，那么编号为 18 的牌仍然在第 18 位，编号为 35 的牌仍然在第 35 位。

（3）其余的 48 张牌以 8 张为一组，各自在组内以 8 次洗牌为一个循环。

所以，这副牌在洗 8 次牌后就会回到初始状态。

大家可以拿出一副扑克牌自己使一下，如果你没有那么好的洗牌技术，则可以从两叠牌中一张一张按顺序取牌，也可以达到洗牌的效果。

275．盗窃案

第二天有 4 个人喊叫，一定是 4 个平民的喊叫，其中不可能有小偷，由此可得出下面 3 种可能的情况。因为有 4 个平民被盗，有 1 个警察，又因为小偷一天偷一次，共有这 3 个条件，所以，第一种情况是 4 个小偷、4 个平民、2 个警察。第二种情况是 4 个小偷、5 个平民、1 个警察。第三种情况是 5 个小偷、4 个平民、1 个警察。

第一天，这几个小偷不约而同地偷了豪宅（除了十个房间以外的地方）里的东西，这也解释了为什么第二天被盗的 4 个人当中一定没有小偷。

分析如下。

（1）第一种情况：因为 4 个平民都可以识别警察，而警察又有两个，并且第二天，4 个平民又互相认识了彼此的身份，所以他们每个人都很清楚剩下的 4 个人一定是小偷，因此，他们每个人都会写两封一样的匿名信，分别投进两个警察的信箱里。而题目中却是 5 封信，并且每封信里所包含的姓都不一样，所以第一种情况是不可能的。

（2）第二种情况：4 个小偷、5 个平民、1 个警察。

当每个被盗的平民看到外面只有 1 个警察时，这时候每个被盗的平民都不能确定剩下的 5 个人中到底是 4 个小偷和 1 个没有被盗的平民，还是全都是小偷，所以他们无法写匿名检举信。换句话说：在 5 个平民中只有那个没有被盗的平民知道外面有 4 个被盗平民、1 个警察，从而推断出剩下的 4 个人一定是小偷，他只需写一封信就够了。然而，那 4 个小偷如果看到外面有 5 个平民，那么每个小偷都能推导出那个没有被盗的平民一定会写一封信给警察，因此，他们就不约而同地做出了同一件事。因为每个小偷都无法推断出谁是警察，所以，他们每个人都写了 4 封信。这 4 封信的特点是：每封信都不写自己、收信人和 4 个被盗的平民的姓，然后就把这 4 封信分别投入对应的收信人的信箱，那么，总会有一封信会被警察收到，所以，警察一共会收到 5 封信，并且每封信的内容都不一样。

警察看完信，想了一会儿马上冲出去。为什么警察要冲出去呢？肯定是他已经知道谁是小偷了。可为什么这么急呢？怕小偷销毁证据。

但是警察只能推出 5 个嫌疑人中有 4 个是小偷，无法判断哪个是没有被盗的平民。

当那 4 个小偷看到有一个没有被盗的平民后，每个小偷都会知道这个平民一定会给警察写一封匿名检举信，所以这 4 个小偷都会写 4 封匿名诬告信。但是有一点人们都没有注意到：就是当小偷在写第一封信的时候，他的潜意识里已经有了 3 个人的姓，其中有一个是自己的姓，另一个是收信人的姓。但是这两个人的姓都不能写在信里呀！对，还有一个人，小偷一定是第一个写这个人的姓，这个人就是没有被盗的平民。因为只有他在每个小偷的脑海里是有直观印象的，而其他的3个人的姓只能靠推理，随机地推出一个写一个。所以，这个小偷在写每一封信第一个姓的时候就不假思索地写下了没有被盗的平民的姓，其他的小偷都会这样想、这样做。因此，警察收到的5封信应该是：其中有4封信的第一个姓是一样的，只有一封信的第一个姓是不一样的，而这封第一个姓不一样的信的写信人就是没有被盗的平民。

（3）第三种情况，5个小偷都会写信给警察。

第一天，有5个小偷不约而同地偷了豪宅（除了10个房间以外的地方）里的东西。到了第二天，有以下两种可能。

① 第一种可能：5个小偷都偷了4个平民，有1个平民被盗了两次。这5个小偷都认识外面的4个平民，每个小偷都会想：如果有2个警察，那么每个警察一定会收到4封信，每封信包含的姓是一样的。而且每个小偷都会想到警察会想到这些，在这种情况下，每个小偷都意识到包括自己在内的所有小偷都会被抓，所以，他们就没有必要再去写匿名诬告信了。如果只有1个警察，那么就应该有5个小偷。每个小偷都知道那4个平民是不会给警察写信的，因为，这时候每个被盗的平民都不能确定剩下的5个人中到底是4个小偷和1个没有被盗的平民，还是全都是小偷。所以，他们无法写匿名检举信。每个小偷都会想到这一点，所以，为了能让自己不被警察怀疑，每个小偷都会写信给警察。

② 第二种可能：第二天，有4个小偷都不约而同地偷了4个平民的东西，而这个时候，有1个小偷偷的却还是豪宅（除了10个房间以外的地方）里的东西。那么，偷平民的东西的那4个小偷的想法并没有变化，而那个偷豪宅的小偷会不会一定写匿名诬告信呢？答案是会的，因为他能清清楚楚地推出一定有5个小偷（包括自己）。他也能想到其他4个小偷会写包含自己的姓的诬告信。如果自己不写信给警察，那么警察就会收到4封信，而每封信的内容里都会有自己的名字，这样很容易让警察怀疑上自己，因此每个小偷都会写匿名诬告信的。

所以，最终的答案就是：

1个警察——陈；4个平民——张、王、李、徐；5个小偷——董、许、林、孔、赵。

276．聪明程度

这个游戏的独特之处在于你必须考虑其他参与者是怎么想的。

首先，你可能假定人们都是随机地选择一个数字寄回，这样平均值应该是50，那么最佳答案应该是50的2/3，也就是33。

但你应该想到，别人也会像你一样，想到33这个答案。如果每个人都选择了33，那么实际的平均值应该是33而不是50，这样最佳答案应该修改成33的2/3，也就是22。

那么别人会不会也想到这一点呢？如果大家都写22呢？那么最佳答案就应该是15。

可是如果大家都想到了15这一点呢？

……

这样一步步地分析下去，如果所有人都是十分聪明而又理性的，那么所有人都会做类似的分析,最后最佳答案必然会越来越小,以至于变成 0。鉴于 0 的 2/3 还是 0,所以 0 必然是最终的正确答案。

但问题是,如果有些人没有这么聪明呢?如果有些人就是随便写了个数呢?

刊登广告的其实是芝加哥大学的理查德,他收到的答案中的确有些人选择了 0,但平均值是 18.9,获胜者选择的数字是 13。这个实验就是要说明,很多人并不太聪明,也不十分理性。

277. 丢失的钻石

鸟从窗子飞进了公主的房间并吃掉钻石,然后鸟又被蛇吃掉了,这样钻石就到了蛇的肚子里。

278. 勇士救公主

先假设丙是君子,他说的就是真话,他们三个人中就有两个小人,只能是甲和乙。既然乙说自己不是妖怪,那么乙就是妖怪。

假设丙是小人,那么他们三个人中最多只能有一个小人,甲和乙就只能是君子。既然甲是君子而他说丙是妖怪,那么丙就确实是妖怪了。

所以,甲肯定不是妖怪,你应该选他做旅伴。

第二个问题中,假设丙是小人,他的陈述就该是假的,因此三个人中至少有两个君子,也就是甲和乙必须都是君子。如果甲和乙都是君子,他俩都说真话,就变成他俩都是妖怪了,这和题设只有一个妖怪矛盾,所以丙是君子。

既然丙是君子说的是真话,甲和乙就只能是小人了。既然甲和乙都在说假话,他俩就都不是妖怪了,所以妖怪必定是丙。

由此可见,甲和乙是小人,丙是君子,妖怪是丙。

279. 进入女儿国

杰森只要说“我是个没钱的小人”就够了。既然君子永远不会谎称自己是小人,她立刻就会认为杰森不是君子,只能是小人。因此,杰森的陈述在她看来也必然是假的,杰森并不是个穷小人,但杰森又是个小人,所以杰森肯定是个有钱的小人。

第二个问题,杰森只要说“我不是穷君子”。她会这样推理:假使杰森是小人,他就不是穷君子,杰森的陈述反而变成真的了,和杰森的小人身份不符,所以杰森是君子,他的陈述是真的,杰森确实不是穷君子。又因为杰森是君子,因此他必定是富君子。

280. 巧妙的提问

最简单的问题是:“您和公主同是君子或同是小人吗?”如果国王回答“是”,公主就是君子;如果国王回答“不是”,公主就是小人。

假设国王回答“是”。如果国王是君子,他说公主和他同类是在说真话,因此公主也是君子。如果国王是小人,他的陈述为假,这意味着公主是君子。由此可见,如果国王答“是”,则公主是君子。

假设国王回答"不是"。如果国王是君子,他在讲真话,他跟公主理应不同类,因此公主必定是小人。如果他是小人,他的陈述为假,公主其实是跟他同类的,因此必定也是小人。可见如果他答"不是",公主是小人。

281. 说服巨龙

事实上,无论杰森怎么费尽口舌,都不可能让巨龙相信他不是凡夫,因为杰森作任何一组陈述,凡夫都能作同样的陈述,因为凡夫是什么都可以说的。看来除了打倒巨龙之外,是没有办法救出公主了。

第二个问题只要说一句话就可以了,比如"我不是君子"或者"我是小人"。

另外,如果杰森说了上一题的第一个陈述,巨龙会知道尽管他是凡夫,他是在作真陈述;如果说了上一题的第二个陈述,巨龙会知道尽管杰森是凡夫,他是在作假陈述。所以,杰森必须想一个新的陈述。

杰森可以随便想个巨龙不知道真假的命题,例如"我爱上了女儿国的公主",然后杰森可以作的陈述为"我是凡夫而且我爱上了女儿国的公主"或者"我是个小人"。小人是绝不会作这个陈述的,因为对于小人来说这是句真话。同时君子也是不会作这个陈述的,因为对于君子来说这是句假话。因此巨龙就知道杰森是个凡夫,但是巨龙并不知道杰森是不是真的爱上了女儿国的公主,也就无法知道杰森的陈述是真话还是假话了。

282. 理发师悖论

无论怎样,这位理发师都会违反镇长的规定的,所以他应该把这个问题告诉镇长,让镇长更改一下规定。

为什么这个悖论会引起"第三次数学危机"呢?因为"罗素悖论"完全是用当时严密的数学语言写成的,最后却得出了悖论。就像"理发师悖论"说明镇长的规定有问题一样,"罗素悖论"也说明了当时的数学体系有问题。而人们对数学体系的理解,对逻辑体系的理解,也随着"罗素悖论"的解决而更加深入了。

283. 电梯

法国青年亲了自己手掌一下,然后狠狠地打了纳粹军官一耳光。因为他是爱国青年,这种行为也算是对入侵者的报复吧。

284. 找出重球

两次。

把8个球分成3、3、2三组,把3个球和3个球分别放在天平的两端。如果天平平衡,那么把剩下的两个球放在天平上,天平向哪边倾斜,那个球就是略重的;如果天平偏向一方,就把重的那一方的3个球中的两个放在天平上,这时如果天平倾斜,可知道哪个是重的球;如果天平不倾斜,则剩下的那个球就是要找的。

285. 不合格的钢球

称量方法及结果如下表所示。

第一次		结果	第二次		结果	第三次		结果	结论
左	右		左	右		左	右		
1、2、3、4	5、6、7、8	右重	1、6、7、8	5、9、10、11	右重	1	2	右重	1轻
								平衡	5重
					平衡	2	3	右重	2轻
								平衡	4轻
								左重	3轻
					左重	6	7	右重	7重
								平衡	8重
								左重	9重
		平衡	1、2、3	9、10、11	右重	9	10	右重	10重
								平衡	11重
								左重	9重
1、2、3、4	5、6、7、8	平衡	1、2、3	9、10、11	平衡	1	12	右重	12重
								左重	12轻
					左重	9	10	右重	9轻
								平衡	11轻
								左重	10轻
		左重	1、6、7、8	5、9、10、11	右重	6	7	右重	6轻
								平衡	8轻
								左重	7轻
					平衡	2	3	右重	3重
								平衡	4重
								左重	2重
					左重	1	2	平衡	5轻
								左重	1重

286．我被骗了吗

如果我没有被骗，那么我一整天都因为哥哥早上的话而在空等，也就是被哥哥骗了；如果我被骗了，那我明明就等到了我所等的事，又怎么能说我被骗了呢？这样我那天到底是被骗了还是没有被骗呢？

你有更好的解释吗？我到底有没有被骗？

287．被杀的鸵鸟

是犯罪团伙利用鸵鸟走私钻石。因为鸵鸟的胃很特殊，它会吞食小石子帮助消化。这些石子不会被排泄掉，而是留在胃里。犯罪团伙利用这一点让鸵鸟吞食钻石，走私回国，然后杀死鸵鸟，取出钻石。

288．不要娶妖怪

最简单的问法是，随便选一个人，比如甲，然后问她："乙说真话的比例比丙少吗？"

假设甲回答"是"，你就挑乙作为妻子。假设甲是君子，则乙说真话的比例确实比丙少，因此乙是小人，丙是凡夫。在这种情况下，既然丙是妖怪，乙就不是了。假设甲是小人，则乙说真话的比例要比丙高，这意味着乙是君子，丙是凡夫，可乙又不是妖怪。如果甲是凡夫，那他就是妖怪，既然如此，乙肯定不是。由此可见，不管甲是君子、小人，还是凡夫，只要他用"是"答复你的问话，你就该挑乙作为你的妻子。

假设甲回答"不是"，她无异于在断定丙说真话的比例比乙低，和上面用同样的推理，挑丙作为你的妻子吧。

289．离奇的凶杀案

你只要承认"凶手是我"就能脱罪了。警方会这样推理：假设你其实是有罪的，你该是小人，但是这样你这个小人就作起真陈述来了。由此可见，假设你有罪是要引起矛盾的，因此你无罪。

或者可以这样推理：如果你是小人，你的陈述为假，你理应无罪；如果你不是小人，你肯定无罪，因为有罪的是小人。

第八部分　智慧大推理

290．分析罪犯

他做了如下的分析推理。

（1）制造和放置炸弹的大都是男人。

（2）他怀疑爱迪生公司害得他生病，属于偏执狂病人。这种病人一过35岁后病情就加速加重，所以1940年是他刚过35岁，现在1956年，他应是50岁出头。

（3）偏执狂总是归罪他人，因此，爱迪生公司可能曾对他处理不当，使他难以接受。

（4）字迹清秀表明他受过中等教育。

（5）约85%的偏执狂有运动员体型，所以F.P可能胖瘦适度，体格匀称。

（6）字迹清秀、纸条干净表明他工作认真，是一个兢兢业业的模范职工。

（7）他用卑鄙罪行一词过于认真，爱迪生也用全称，不像美国人所做的，故他可能在外国人居住区。

（8）他在爱迪生公司之外也乱放炸弹，显然有F.P自己也不知道的理由存在，这表明他有心理创伤，形成了反权威情绪，乱放炸弹就是在反抗社会权威。

（9）他常年持续不断乱放炸弹，证明他一直独身，没有人用友谊或爱情来愈合其心理创伤。

（10）他虽无友谊，却注重体面，一定是一个衣冠楚楚的人。

（11）为了制造炸弹，他宁愿独居而不住公寓，以便隐藏和不妨碍邻居。

（12）地中海各国用绳索勒杀别人，北欧诸国爱用匕首，斯拉夫国家恐怖分子爱用炸弹，所以,他可能是斯拉夫后裔。

(13)斯拉夫人多信天主教,他必然定时上教堂。

(14)他的恐吓信多发自纽约和韦斯特切斯特。在这两个地区中,斯拉夫人最集中的居住区是布里奇波特,他很可能住在那里。

(15)持续多年强调自己有病,必是慢性病。但癌症不能活16年,恐怕是肺病或心脏病,肺病在现代容易治愈,所以他是心脏病患者。

根据这种层层剥笋式的方式,博士最后得出结论:警方抓他时,他一定会穿着当时正流行的双排扣上衣,并将纽扣扣得整整齐齐,而且建议警方将上述15个可能性公诸报端。F.P重视读报,又不肯承认自己的弱点,他一定会做出反应以表现他的高明,从而自己提供线索。

果不其然,1956年圣诞节前夕,各报登载这15种可能性后,F.P从韦斯特切斯特又寄信给警方:"报纸拜读,我非笨蛋,决不会上当自首,你们不如将爱迪生公司送上法庭为好。"

依循有关线索,警方立即查询了爱迪生公司人事档案,发现在20世纪30年代的档案中,有一个电机保养工乔治梅特斯基因公烧伤,曾上书公司诉说染上肺结核,要求领取终身残疾津贴,但被公司拒绝,数月后离职。此人为波兰裔,当时(1956年)为56岁,家住布里奇波特,父母早亡,与其姐同住一个独院。他身高1.75米,体重74千克,平时对人彬彬有礼。1957年1月22日,警方去他家调查,发现了制造炸弹的工作间,于是逮捕了他。当时他果然身着双排扣西服,而且整整齐齐地扣着扣子。

291．日本人巧探大庆油田

日本人首先从中国画报刊登的铁人王进喜的大幅相片上推断出大庆油田在东北三省偏北处,因为相片上的王进喜身穿大棉袄,背景是遍地积雪。接着,他们又从另一幅肩扛人推的照片中,推断出油田离铁路沿线不远。他们从《人民日报》的一篇报道中看到一段话,王进喜到了马家窑,说了一声:"好大的油海啊,我们要把中国石油落后的帽子扔到太平洋里去!"据此,日本人判断,大庆油田的中心就在马家窑。

大庆油田什么时候产油了呢?日本人判断:1964年。因为王进喜在这一年参加了第三届全国人民代表大会,如果不出油,王进喜是不会当选为人大代表的。

日本人还准确地推算出大庆油田油井的直径大小和大庆油田的产量,依据是《人民日报》一幅钻塔的照片和《人民日报》刊登的国务院政府工作报告:把当时公布的全国石油产量减去原来的石油产量,十分简单,连小学生都能算出来——日本人推算出大庆的石油年产量为3000万吨,与大庆油田的实际年产量几乎完全一致。

有了如此多的准确情报,日本人迅速设计出适合大庆油田用的石油开采设备。当我国政府向世界各国征求开采大庆油田的设计方案时,日本人一举中标。

292．芝加哥需要多少调音师

大家对费米的提问都感到很奇怪,因为大家觉得这个问题根本无从下手。但是费米却不这样认为,他向大家解释道:"假设芝加哥的人口有300万,每个家庭为4口人,全市 1/3 的家庭有钢琴,那么芝加哥共有 25 万架钢琴。一般来说,每年需要调音的钢琴只有 1/5,那么,一年需要调音 5 万次。每个调音师每天能调好 4 架钢琴,一年工作 250 天,共能调好 1000 架钢琴,是所需调音量的 1/50。由此可以推断,芝加哥共需要 50 位调音师。"

费米一解释,大家都觉得这种推理方法是正确的,事实上,费米的这个推论是一个典型的"演绎法",这种推论需要知道很多预备性的知识。比如,你应该知道芝加哥的总人口数,有钢琴的家庭所占的比例,每架钢琴一年要调音的次数,调音师的工作效率、工作时间等。如果你不知道这些知识,这个问题显然是无法回答的。

293. 一只猫毁了一个指挥部

德军依此判断:

(1) 这只猫不是野猫,野猫白天不出来,更不会在炮火隆隆的阵地上出没。

(2) 猫的栖身处就在土包附近,很可能是一个地下指挥部,因为周围没有人家。

(3) 根据仔细观察,这只猫是相当名贵的波斯品种,在打仗时还有兴趣玩这种猫的绝不会是普通的下级军官。

据此,他们判定那个掩蔽点一定是法军的高级指挥所。

294. 寻求真相

为了找出真相,我们可以提出这样 4 个问题来了解更多的信息。

(1) 最后一次看见这些人的是谁?在什么时间?什么地点?

(2) 直升机是否收到了这些人的求救信号?

(3) 这个事件是否仅仅是救护计划的失策或者是其他方面的失策?有没有一些小的过失?

(4) 这次救护计划的失策和过去的情况有没有类似的地方?

接着你得到了以下的回答。

(1) 最后一次人们看见他们的时候,他们正徒步翻越一座小山头,朝着后来发现他们尸体的那个山谷走去。

(2) 直升机的通话记录显示并没有收到这个小组的呼救信号。后来在离这些人尸体不远的地方发现了步话机的残骸。

(3) 另一个小组被困在一个小土丘上,他们用步话机向直升机呼救,结果他们得救了。

(4) 在一场森林火灾中,有一队消防员被大火烧死。当时的直升机驾驶员报告说没有收到他们的呼救信号,他们的尸体是在两座山丘之间的一条干涸的小溪中被发现的。

通过掌握的这些材料,这些人遇难的原因就呼之欲出了,可能性最大的是"步话机的信号被山体隔断了",因而直升机没能接收到,这与从各方面掌握到的所有资料都相符。

295. 指认罪犯

用 u 代表不能确定的人。

根据(1),高个男人必定站成下列形式之一(t 代表高个男人):tttt 或 tttu 或 uttt 或 uttu;

根据（2），白皙男人必定站成下列形式之一（f 代表白皙男人）：ffuu 或 uuff 或 fuff 或 ffuf；

根据（3），消瘦男人必定站成下列形式之一（s 代表消瘦男人）：suus 或 susu 或 usus 或 usuu 或 uusu；

根据（4），漂亮男人必定站成下列形式之一（g 代表漂亮男人）：guuu 或 uuug；

根据（5）和（1），上述特征中的一部分可以分派给这四个男人，如下表所示。

第一个男人	第二个男人	第三个男人	第四个男人
白皙	消瘦	高个	漂亮
	高个		

接着，根据（2），部分特征的分布必定是下列三种情况之一，如下表所示。

Ⅰ

白皙	消瘦	高个	漂亮
	高个		
	白皙		

Ⅱ

白皙	消瘦	高个	漂亮
	高个		白皙
	白皙		

Ⅲ

白皙	消瘦	高个	漂亮
	高个	白皙	白皙

然后根据（3）和（6），只有在Ⅰ和Ⅲ中，第四个男人可能还是消瘦的，而且在Ⅰ、Ⅱ和Ⅲ中，不会再有其他男人是消瘦的。再根据（1）和（6），只有在Ⅰ中，第四个男人可能还是高个子，而且只有当第四个男人不是消瘦的时候这种情况才能发生；而在Ⅰ、Ⅱ和Ⅲ中，不会再有其他男人是高个子。此外，根据（4），不会再有其他男人是漂亮的。

因此，完整的特征分布必定是下列情况之一，如下表所示。

根据（7），可排除Ⅰa、Ⅰb、Ⅰc和Ⅱ。

Ⅲa 和Ⅲb 显示：目击者指认第一个男人是罪犯。

Ⅰa

白皙	消瘦	高个	漂亮
	高个		
	白皙		

Ｉb

白皙	消瘦	高个	漂亮
	高个		消瘦
	白皙		

Ｉc

白皙	消瘦	高个	漂亮
	高个		高个
	白皙		

Ⅱ

白皙	消瘦	高个	漂亮
	高个		白皙
	白皙		

Ⅲa

白皙	消瘦	高个	漂亮
	高个	白皙	白皙

Ⅲb

白皙	消瘦	高个	漂亮
	高个	白皙	白皙
			消瘦

296．谁是间谍

假设一：假设丙是间谍，即丙句句是假，则丙必定不来自荷兰。因为乙说丙来自荷兰，那么乙也说了假话，则甲句句为真。

当甲句句为真时：甲说乙为刚果，丙也说乙为刚果，丙也说了真话，相互矛盾，所以，丙不是间谍。

假设二：假设乙是间谍，即乙句句是假，因乙说丙来自荷兰，那么丙一定不来自荷兰；而丙自述自己来自荷兰，那么丙说了假话，则甲句句为真。

当甲句句为真时：甲自述来自沙特阿拉伯，乙说"他肯定说他来自沙特阿拉伯"，乙说了真话，相互矛盾，所以，乙不是间谍。

假设三：假设甲是间谍，即甲句句为假。

当丙是好人时，即丙句句为真时，乙便来自刚果。甲也说乙来自刚果，甲说了真话，相互矛盾。

当乙是好人时，即乙句句为真时，则丙半真半假。

甲句句是假，甲自述来自沙特阿拉伯，故甲不是来自沙特阿拉伯。

乙句句是真，乙说："……他肯定说他来自沙特阿拉伯。"甲的确说谎了，乙没说错，乙说了真话，而且句句是真。

结论是：甲是间谍，乙是好人，丙是从犯。

297．政府要员

是 D 先生。

四个人的座次如右图所示。

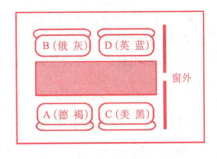

298．被偷的答案

阿莫斯、伯特和科布三人分别设为 A、B、C。

A、B、C 共上了 9 节课，其中 B 一节、C 两节不
是在 D 教授那儿上的，因此必然有一个 C、BC 组合，还剩下 6 个组合 A、B、ABC、AB、
AC、空（其中空不可能出现）。另外从中选出三个组合，并要总节数达到 6 节，ABC 显然是
必选的，余下的 AB、AC 中挑一个，那么 A 组合不可能再出现，因此这 5 种组合是 C、BC、
ABC、B、AC，所以偷答案的是 B。

299．4 种语言

甲会的是中文和日语；乙会的是法语和中文；丙会的就是英语和法语；丁只会中文。

因为甲与丙、丙与丁不能直接交谈，又因为有一种语言 4 人中有 3 人都会，那么就应该
是甲、乙、丁 3 人都会某一种语言。

因为丁不会日语，所以日语应该不是 3 人都会的语言。

甲会日语，但是没有人既会日语又会法语，那么甲不会法语，所以法语也不应该是 3 人
都会的。

乙不会英语，英语也不应该是 3 人都会的，那就只能是甲、乙、丁 3 人都会中文。

根据条件可知，甲会的是中文和日语，丁会中文；甲和丙不能直接交流，那么丙会的就
是英语和法语；乙可以和丙直接交流，乙不会英语，那乙就应该会法语。所以，乙会的就是
法语和中文。

300．未知的数字

答案是 36 和 108。

首先说出此数的人应该是两数之和的人，因为另外两个加数的人所获得的信息应该是
均等的，在同等条件下，若一个推导不出来，另一个也应该推导不出来。（当然，这里只是说
这种可能性比较大，因为毕竟还有个回答的先后次序，在一定程度上存在信息不平衡。）

另外，只有在第三个人看到另外两个人的数一样时，才可以立刻说出自己的数。

以上两点是根据题意可以推出的已知条件。

如果只问了一轮，第三个人就说出 144，那么根据推理，可以很容易得出另外两个是 48
和 96。怎样才能让老师问了两轮才得出答案，这就需要进一步考虑。

A：36（36/152）

B：108（108/180）

C：144（144/72）

括号内是该同学看到另外两个数后猜测自己头上可能出现的数。现推理如下。

A、B 先说不知道，理所当然，C 在说不知道的情况下，可以假设如果自己是 72，B 在

已知 36 和 72 的条件下,会这样推理:"我的数应该是 36 或 108,但如果是 36,C 应该可以立刻说出自己的数,而 C 并没说,所以应该是 108!"然而,在下一轮中 B 还是不知道,所以,C 可以判断出自己的假设是错的,自己的数只能是 144。

301．谁说的是对的

D 说得对,今天是星期日。

302．纸片游戏

假设戊说的是真话,"我看到了四片白色的纸片",那甲、乙、丙三人就都应该说真话,会发生矛盾,所以,戊说的一定是假话,他头上是黑纸片。

假设乙说的是真话,"我看到了四片黑色的纸片",即甲、丙、丁戊头上都是黑纸片,只有乙头上是白纸片,那么,丙说的"三黑一白"就成了真话,产生了矛盾,所以乙也说的假话,头上是黑纸片。

这样已经有乙和戊两张黑纸片了,所以甲说的:"我看到三片白色的纸片和一片黑色的纸片"也就成了假话,所以,甲头上贴的是黑纸片。

因为甲、乙、戊三人头上已经是黑纸片了,如果丙说的"我看到了三片黑色的纸片和一片白色的纸片"是假话,那丁就该也是黑纸片,这样乙说的"四黑"也成真话了,相互矛盾,所以丙说的"我看到了三片黑色的纸片和一片白色的纸片"是真话,即丙头上是白纸片。

因为丙说的是真话,即"我看到了三片黑色的纸片和一片白色的纸片",而甲、乙、戊又都是黑纸片,那么丁头上肯定贴的是白纸片了。

303．令人注目的特点

根据（3）,如果大女儿非常聪明,那她也勤劳能干。

根据（5）,如果大女儿多才多艺,那她也勤劳能干。

再根据（1）和（2）,3 个人有 8 个特点,而每个人至多有 3 个特点,那么 3 个人的特点分配一定是 2、3、3,也就是说每个女儿至少有两个特点。所以如果大女儿既不多才多艺也不聪明,那她也是勤劳能干。

因此,无论哪种情况,大女儿总是勤劳能干。

根据（4）,如果小女儿非常漂亮,那她也是勤劳能干。

根据（5）,如果小女儿多才多艺,那她也是勤劳能干。

根据（1）和（2）,如果小女儿既不多才多艺也不漂亮,那她也是勤劳能干。

因此,无论哪种情况,小女儿总是勤劳能干。

于是根据（1）,二女儿一定不勤劳能干。

再根据（4）,二女儿并不漂亮。

从而根据（1）和（2）,二女儿既聪明又多才多艺。

再根据（1）,大女儿和小女儿都非常漂亮。

于是根据（2）和（3）,大女儿并不聪明。

从而根据（1）,小女儿很聪明。

最后根据（1）和（2），大女儿应该多才多艺，而小女儿则并非多才多艺。

304．额头上的数字

第一次，S 说不知道，说明 P 肯定不是 1；P 也说不知道，说明 S 不是 2。

为什么？因为如果 P 是 1，S 马上就知道自己是 2 了。他说不知道，P 就知道自己肯定不是 1，如果这个时候 S 是 2，P 就能肯定自己应该是 3 了。所以 S 不是 2。

第二次，S 说不知道，说明 P 不是 3，因为前一次 S 说不知道，P 知道自己肯定不是 2；如果 S 是 3，P 马上就知道自己是 4 了，所以 P 不是 3。而 P 又说不知道，说明 S 不是 4，因为 S 从 P 又说不知道，得知自己不是 3；如果 S 是 4，P 马上就能知道自己应该是 5 了，所以 S 也不是 4。

第三次，S 又说不知道，说明 P 不是 5，因为第二次最后 P 说不知道，S 就知道自己不是 4 了；如果 P 是 5，S 马上知道自己是 6。同样，S 不是 6，因为 P 从 S 说不知道，得知自己不是 5；如果 S 是 6，P 就马上知道自己应该是 7 了，所以 P 还是不知道。

最后，S 说他知道了，因为他从 P 不知道中得知自己不是 6，而他看到 P 头上的号码是 7，他就知道自己是 8 了，所以他知道了。而 P 听到 S 知道了，就判断出 S 是 8 了，所以 P 马上知道自己是 7 了。

305．丈夫的忠诚

设 a 为 8 点时参加聚会的人分成的组数，则根据 1，这时参加聚会的共有 $5a$ 位。

设 b 为 9 点时参加聚会的人分成的组数，则根据 2，这时参加聚会的共有 $4b$ 位，而且 $5a+2=4b$。

设 c 为 10 点时参加聚会的人分成的组数，则根据 3，这时参加聚会的共有 $3c$ 位，而且 $4b+2=3c$。

设 d 为 11 点时参加聚会的人分成的组数，则根据 4，这时参加聚会的共有 $2d$ 位，而且 $3c+2=2d$。

经过反复试验，得出在第一个和第二个方程中 a、b 和 c 的可能值如下（根据 1，a 不能大于 20）。

$5a+2=4b$， $4b+2=3c$

由于 b 在两个方程中必须有相同的值，所以 $b=13$。

于是 $a=10$，$c=18$。

由于 $c=18$，所以从第三个方程得：$d=28$。

因此，参加聚会的人数，8 点时是 50 人，9 点时是 52 人，10 点时是 54 人，11 点时是 56 人。

根据 1、5 和 6，如果是阿米莉亚按原来打算在她丈夫之后 1 小时到达，则 8 点时参加聚会的人数就会是 49 人。

根据 2、5 和 6，如果是布伦达按原来打算在她丈夫之后 1 小时到达，则 9 点时参加聚会的人数将会是 51 人。

根据 3、5 和 6，如果是谢里尔按原来打算在她丈夫之后 1 小时到达，则 10 点时参加聚会的人数将会是 53 人。

根据 4、5 和 6,如果是丹尼斯原来打算在她丈夫之后一小时到达,则 11 点时参加聚会的人数将会是 55 人。

在 49 人、51 人、53 人和 55 人这四组人数中,只有 53 人不能分成人数相等的若干个小组(为了能进行交谈,每组至少要有两人)。因此,根据 3 和 6,对自己丈夫的忠诚有所怀疑的是谢里尔。

306．宿舍同学

因为 A 的男朋友是乙的好朋友,那么 A 的男朋友就应该是甲或者丙。但是丙的年龄比 C 的男朋友大,即丙不是最年轻的,所以 A 的男朋友是甲。丙不可能是 C 的男朋友,那丙就是 B 的男朋友,而乙是 C 的男朋友。

307．不用找零

运用 2 和 3,经过反复试验可以发现,只有四对硬币组能满足这样的要求:一对中的两组硬币各为四枚,总价值相等,但彼此间没有一枚硬币面值相同。各对中每组硬币的总价值分别为 40 美分、80 美分、125 美分和 130 美分。具体情况如下(S 代表 1 美元,H 代表 50 美分,Q 代表 25 美分,D 代表 10 美分,N 代表 5 美分):

DDDD　DDDH　QQQH　DDDS

QNNN　QNQQ　NDDS　QNHH

运用 1 和 4,可以看出,只有 30 美分和 100 美分能够分别从两对硬币组中付出而不用找零。但是,在标价单中没有 100,因此,圈出的款额必定是 30。

308．期末加赛题

能。这 4 个数字是 2、5、6、8。

先列出 4 人猜的情况。甲猜对了两个数,可能是 2—3,2—4,2—5,3—4,3—5,4—5。

乙猜对了一个数,可能是(1、3、4、8)中的 1 个数,他未猜的 4 个数(2、5、6、7)中有 3 个数是纸条上的数。

丙猜对了两个数,可能的组合为 1—2,1—7,1—8,2—7,2—8,7—8。

丁猜对了一个数,可能是(1、4、6、7)中选取 1 个数,他未猜的 4 个数(2、3、5、8)有 3 个数是纸条中的数。

8 个数字中,甲与丙两人都猜了的数字是 2,两人都没有猜的数字是 6。

8 个数字中,乙与丁两人都猜了的数字是 1、4,两人都没有猜的数字是 2、5。

我们先假设 2 不是纸条上的数,那么从乙未猜的数字中可得出 5、6、7 是纸条上的数字;同时从丁未猜的数字中可得出 3、5、8 是纸条上的数字;这样纸条上的数字就会有 5 个,分别是 3、5、6、7、8。显然,推论与题干中纸条上只有 4 个数字相矛盾,因此假设是错的,也就是说 2 是纸条上的数字。用同样的方法可推出 5 也在纸条上。

再假设 1 在纸条上,那么从乙猜的数字中可得出 3、8 不在纸条上。同时,从丁猜的数字中可得出 4、6、7 不在纸条上,这样不在纸条上的数字有 5 个,分别是 3、4、6、7、8,纸条上只能有 3 个数字,显然也不正确,所以假设错误,1 不在纸条上。用同样的方法,可

推出 4 不在纸条上。

我们知道了 2、5 在纸条上,从甲猜测对了两个数字可知 3、4 不在纸条上,这样,在纸条上的数字可能是 2、5、6、7、8 中的 4 个。

最后,我们来看丙猜的情况,从他猜测的 4 个数可知 7 与 8 只能有一个数在纸条上,如果 7 在纸条上,纸条上的数为 2、5、6、7。我们发现丁猜对了 6、7,显然与题干矛盾。再来检验 8,发现刚好能符合条件。

所以,只有一种可能,纸条上的数字是 2、5、6、8。

309．谁需要找零

根据 2,阿莫斯有 3 枚 25 美分的硬币,因此,根据 1,他持有的硬币是下列三种情况之一(Q 代表 25 美分,D 代表 10 美分,N 代表 5 美分):

QQQDDN,QQQDNNN,或 QQQNNNNN。

于是根据 1,每个人的硬币枚数只可能是六枚、七枚或者八枚。反复试验表明,用只包括两枚 25 美分硬币的六枚硬币组成 1 美元,和用只包括一枚 25 美分硬币的八枚硬币组成 1 美元都是不可能的,因此,每人身上都带有七枚硬币。各种不同的组合如下表所示(H 代表 50 美分)。

六 枚 硬 币	七 枚 硬 币	八 枚 硬 币
QQQDDN	QQQDNNN	QQQNNNNN
QQ????	QQDDDDD	QQDDDDNN
QHDNNN	QHNNNNN	Q???????
HDDDDD	HDDDDNN	HDDDNNNN

然后根据 3,每份账单的款额(以美分为单位)是以下各数之一:5、10、15、20、25、30、35、40、45、50、55、60、65、70、75、80、85、90、95、100。依次假定每份账单的款额为上列各数,我们发现:除了款额为 5、15、85 或 95 美分之外,四人都能不用找零。如果款额为 5、15、85 或 95 美分,唯独是有两枚 25 美分硬币的伯特需要找零,因此,伯特需要找零。

310．默默无闻的捐助者

首先我们来看第一条:假设这钱是赵风或者孙海寄的,那么第 (2)、(3)、(6) 条都是错的,这就有了三条错误判断,所以第一条肯定是错的,因此不可能是赵风和孙海。

现在可以确定的是 (1) 肯定是错的。

而第 (3) 条的"这钱是李强寄的"和第 (5) 条的"这钱肯定不是李强寄的"是矛盾的,因此肯定有一个是错的。

而事后已经证明,这 6 句话中只有两句是错的,而这两句错误的话已经在 (1)、(3)、(5) 三句话当中了,也就是说 (2)、(4)、(6) 三句话肯定是对的。所以这个人就是王山了。

311．真正的预言家

这道逻辑思维题看似复杂,但是如果我们用假设法来解决问题,就会很轻松地得到答案。

因为预言家是 4 个徒弟中的 1 个，也就是说这个人要么是 A，要么是 B，要么是 C，要么是 D。

假设 B 的预言是正确的，那么 C 将成为预言家。

这样，C 的预言也是正确的，结果将有两个预言家，这不符合题设条件。

因此，B 的预言是错的，他没有当上预言家。

因为 B 的预言是错的，所以 C 后来也没有成为预言家，C 的预言也是错的。

C 曾经预言："D 不会成为建筑师。"既然这个预言是错的，那么 D 日后将成为建筑师，而不是预言家。

排除了 B、C、D，就可以推出预言家一定是 A，这时，只剩下武士和医生两个职业了。

因为 A 的预言是正确的，所以 B 不能成为武士，那么 B 只能是医生了，剩下的 C 则是武士。这样，4 个人的预言都没有矛盾，成立。

所以这 4 个人的职业分别是：A 成为预言家，B 成为医生，C 成为武士，D 成为建筑师。

312. 勇敢的猎人

先针对其中一位孩子，比如牛牛，可以列出如下组合。

(1) 牛牛，农夫的儿子，老虎。

(2) 牛牛，渔夫的儿子，老虎。

(3) 牛牛，渔夫的儿子，狮子。

再针对毛毛，可以列出如下组合。

(4) 毛毛，樵夫的儿子，狗熊。

(5) 毛毛，渔夫的儿子，老虎。

(6) 毛毛，渔夫的儿子，狗熊。

最后针对壮壮，可以列出如下组合。

(7) 壮壮，农夫的儿子，狗熊。

(8) 壮壮，樵夫的儿子，狗熊。

(9) 壮壮，樵夫的儿子，狮子。

综合以上结果：

假设组合 (1) 正确，那么可以排除掉 (2)、(3)、(7)、(5)，剩下的第三组中，壮壮只能是樵夫的儿子，所以毛毛只能是渔夫的儿子，可以得出唯一答案，且无矛盾。

假设组合 (2) 正确，那么可以排除掉 (1)、(3)、(5)、(6)，第二组只能是毛毛，樵夫的儿子，狗熊；第三组就会出现矛盾。

假设组合 (3) 正确，同样会推出矛盾。

所以正确答案是：

牛牛是农夫的儿子，被猎人从老虎口中救出来的。

毛毛是渔夫的儿子，被猎人从狗熊口中救出来的。

壮壮是樵夫的儿子，被猎人从狮子口中救出来的。

313．结婚、订婚与单身

由（1）和（2）可知，这19人由6对男女和7个单独前来的人组成。由（3）可知，尚未订婚的A先生是单独前来的。由（5）可知，处于订婚阶段的男士都是结伴来的。

分析（6）。如果结伴来的6个男士都是订婚阶段的，那么就有6个已婚的男士，而且只能是单独前来的，这和（7）矛盾。

同理，结伴来的男士中不可能有5个处于订婚阶段。如果结伴来的6个男士里有3个处于订婚阶段，参加舞会的男士中已婚3个也是结伴来的，也就是说单独来的男士中没有已婚的，这样无论单独来的A先生是单身还是已婚都无法满足（7）。

（6）结合（3）可知，结伴来的男士中处于订婚阶段的不可能少于3个。

因此，结伴来的6个男士中有4个处于订婚阶段，有两个处于已婚状态；单独来的男士里有两个处于已婚状态，另外两个处于单身状态。

由（3）可知，结伴来的6个女士有4个处于订婚阶段，有两个处于已婚状态。单独来的7个人里已知有4个是男士，由（4）可知剩下3个单独来的女士是单身。

因此舞会一共有9个女士，其中两个已婚，3个单身，4个订婚。由（8）可知B女士已订婚。

314．忘记的纪念日

根据（1）和（2），杰瑞第一次去健身俱乐部的日子必定是以下其中之一：

A．汤姆第一次去健身俱乐部那天的第二天。

B．汤姆第一次去健身俱乐部那天的前六天。

如果A是实际情况，那么根据（1）和（2），汤姆和杰瑞第二次去健身俱乐部便是在同一天，而且在20天后又是同一天去健身俱乐部。根据（3），他们再次都去健身俱乐部的那天必须是在2月。可是，汤姆和杰瑞第一次去健身俱乐部的日子最晚也只能分别是1月的第六天和第七天；在这种情况下，他们在1月必定有两次是同一天去健身俱乐部：1月11日和1月31日。因此A不是实际情况，而B是实际情况。

在情况B下，1月的第一个星期二不能迟于1月1日，否则随后的那个星期一将是1月的第二个星期一，因此，杰瑞是1月1日开始去健身俱乐部的，而汤姆是1月7日开始去的。于是根据（1）和（2），他们两人在1月去健身俱乐部的日期分别如下。

杰瑞：1日，5日，9日，13日，17日，21日，25日，29日。

汤姆：7日，12日，17日，22日，27日。

因此，汤姆和杰瑞相遇于1月17日。

315．5名狙击手

大牛。

分析：从（1）、（5）和（6）情报得知，E狙击手就是在这些情报中均未提及绰号的某人，换言之，从A狙击手到D狙击手都不是此人。根据上述这个关键和（4）和（5）项情报作推敲，我们可以知道：A狙击手就是指"虎爷"。再从这个关键和（2）项情报作推敲，我们便可以知道：D狙击手就是指"小马哥"。

然后，再根据这个关键和（3）项情报作推敲，我们又可以知道：C 狙击手其实就是指"白猴"。知道 A、C、D 三名狙击手的绰号之后，剩下的 B 狙击手无疑就是指"大牛"了。

316．珠宝店盗窃案

由（2）、（3）、（5）知道 A、C 都不能有罪。

由（1）知道 A、B、C 至少有 1 个人有罪，那么 B 肯定有罪。

由（4）知道只有 B 一人有罪。

317．3 位授课老师

根据条件（1），化学老师和数学老师住在一起，说明教化学的和教数学的老师不是同一个人。

根据条件（3），数学老师和丙老师是一对优秀的象棋国手，说明丙不是数学老师。

根据条件（4），物理老师比生物老师年长，比乙老师又年轻，说明生物老师最年轻。

根据条件（2），甲老师是 3 位老师中最年轻的，所以甲老师是生物老师，且不是物理老师。

根据条件（5），3 人中最年长的老师住家比其他两位老师远，住得最远的老师是乙，且不是化学老师和数学老师。

从而，我们可以得出的答案见下表。

老　师	所　教　课　程
甲老师	生物、数学
乙老师	语文、历史
丙老师	物理、化学

318．不同国籍的人

由（3）知道 C 不是德国人；

由（5）知道 C 不是意大利人；

由（6）知道 C 不是美国人，也不是法国人；

又因为 C 是技师，而根据（2）知道 C 不是俄罗斯人；

所以 C 只能是英国人。

由（1）知道 A 不是美国人；

由（2）和（3）知道 A 不是俄罗斯人，也不是德国人；

由（5）知道 A 不是法国人；

所以 A 就应该是意大利人。

由（6）知道 B 不是美国人，也不是法国人；

由（4）知道 B 不是德国人；

所以 B 应该是俄罗斯人。

由（1）、（2）、（3）知道 E 不是美国人，也不是德国人；

那么 E 就应该是法国人。

由（4）知道 F 不是德国人；

所以 F 应该是美国人，最后，D 就是德国人。

综上所述：A 是意大利人，B 是俄罗斯人，C 是英国人，D 是德国人，E 是法国人，F 是美国人。

319．英语六级考试

答案 A。

陈述中（2）项如果为真，也就是说：该班所有人都通过了，那么第（1）、（3）项也必为真，这与题干中所说的"上述断定只有两个是真的"不一致，所以（2）项必为假。

又因为（2）项：该班所有人都通过了和（4）项有些人没有通过为矛盾命题，所以必有"一真一假"。既然（2）项为假，那么（4）项必为真。

又根据题干"上述断定只有两个是真的"，而（2）、（4）一假一真，所以（1）、（3）也必然是一真一假。

显然，如果（1）班长通过了是真的，那么（3）有些人通过了也必定为真，这与命题不符。

所以（1）为假，（3）为真。

也就是说，正确的判断是第（3）项和第（4）项。

四个选项中，只有 A 是正确的。

320．得意弟子

首先，因为三个数的和是 14，所以每个人的数字都一定为 1 ～ 12。

甲说道："我知道乙和丙的数字是不相等的！"所以甲的数字在 12 以内是单数，即 1、3、5、7、9、11 中的一个，因为只有这样才能确定乙、丙的数字和是个单数，所以肯定不相等。

乙接着说道："不用你说，我早就知道我们三个的数字都不相等了！"说明乙得到的数字是大于 6 的单数，即 7、9、11 中的一个。

因为只有他的数字是大于 6 的单数，才能确定甲的单数和他的不相等，而且一定比自己的小，否则和会超过 14。这样，第三个人的数字就只能是双数了。

而第三个人说他知道每个人手上的数字了，那他根据自己手上的数字能知道前两个人的数字和，又知道其中一个是大于 6 的单数，且另一个也是单数，可知这个和是唯一的，那就是 7+1=8。

如果甲乙两人之和是大于 8 的偶数，比如是 10，就有两种情况 9+1 和 7+3，这样第三个人就不可能知道前两个人手中的数字。12 也是同理。

所以甲乙两个数之和只能是 8，丙的数字是 6。

这样就知道了甲、乙、丙三个人手上的数字分别是 1、7、6。

321．谁买了果酒

学文秘的甲买了果酒。列一个简单的表格即可求出。

322．能否看到信

不能。

由（1）知：标有日期的信——用粉色纸写的；

由（2）知：丽萨写的信——以"亲爱的"开头；

由（3）知：不是约翰写的信——不用黑墨水；

由（4）知：收藏的信——不能看到；

由（5）知：只有一页信纸的信——标明了日期；

由（6）知：不是用黑墨水写的信——做标记；

由（7）知：用粉色纸写的信——收藏起来了；

由（8）知：做标记的信——只有一页信纸；

由（9）知：约翰的信——不以"亲爱的"开头。

综上所知：丽萨写的信—以亲爱的开头—不是约翰写的信—不用黑墨水—做了标记—只有一页信纸—标明了日期—用粉色纸写的—收藏起来—皮特不能看到。

所以，皮特不能看到丽萨写的信。

323．不同的嗜好

根据（1），每个人的嗜好组合必是下列组合之一：

① 咖啡、狗、网球

② 咖啡、猫、篮球

③ 茶、狗、篮球

④ 茶、猫、网球

⑤ 咖啡、狗、篮球

⑥ 咖啡、猫、网球

⑦ 茶、狗、网球

⑧ 茶、猫、篮球

根据（5），可以排除③和⑧。于是，根据（6），可知②是某个人的三种嗜好组合。接下来，根据（8），可以排除⑤和⑥。再根据（8），④和⑦不可能分别是某个人的三种嗜好组合，因此①必定是某个人的三种嗜好组合。然后根据（8），排除⑦，于是余下来的④必定是某个人的三种嗜好组合。

根据（1）、（3）和（4），住房居中的人符合下列情况之一：

（1）打篮球而又养狗。

（2）打篮球而又喝茶。

（3）养狗而又喝茶。

既然这三个人的三种嗜好组合分别是①、②和④，那么住房居中者的三种嗜好组合必定是①或者④，如下表所示。

(2)	(1)	(4)	(2)	(4)	(1)
咖啡	咖啡	茶	咖啡	茶	咖啡
猫	狗	猫	猫	猫	狗
篮球	网球	网球	篮球	网球	网球

根据（7），④不可能是住房居中者的三嗜好组合，因此，根据（4）可知陈小姐的住房居中。

324．这张牌是什么

这张牌是方块 5。

Q 先生的推理过程是：P 先生知道这张牌的点数，而判断不出这是张什么牌，显然这张牌的点数不可能是 J、8、2、7、3、K、6，因为 J、8、2、7、3、K、6 这 7 种点数的牌，在 16 张扑克牌中都只有一张。如果这张牌的点数是以上 7 种点数中的一种，那么，具有足够推理能力的 P 先生立即就可以断定这是张什么牌了。例如，如果教授告诉 P 先生：这张牌的点数是 J，那么 P 先生马上就知道这张牌是黑桃 J 了。由此可知，这张牌的点数只能是 4 或 5 或 A 或 Q。

接下来，P 先生分析了 Q 先生所说的"我知道你不知道这张牌"这句话。

Q 先生知道这张牌的花色，同时又作出"我知道你不知道这张牌"的断定，显然这张牌不可能是黑桃和草花。为什么？因为如果这张牌是黑桃或草花，Q 先生就不会做出"我知道你不知道这张牌"的断定。

P 先生是这样分析的：如果这张牌是黑桃，而且如果这张牌的点数是 J、8、2、7、3，P 先生是能够知道这张是什么牌的；假设这张牌是草花，同理，Q 先生也不能做出这样的断定，因为假如点数为 K、6 时，P 先生能马上知道这张是什么牌，在这种情况下，Q 先生当然也不能作出"我知道你不知道这张牌"的断定。因此，P 先生从这里可以推知这张牌的花色或者是红桃，或者是方块。

而具有足够推理能力的 P 先生听到 Q 先生的这句话，当然也能够和 Q 先生得出同样的结论。这就是说，Q 先生的"我知道你不知道这张牌"这一断定在客观上已经把这张牌的花色暗示给 P 先生了。

得到 Q 先生的暗示，P 先生作出"现在我知道这张牌了"的结论，从这个结论中，具有足够推理能力的 Q 先生必然能推知这张牌肯定不是 A。为什么？Q 先生这样想：如果是 A，仅仅知道点数和花色范围（红桃、方块）的 P 先生还不能作出"现在我知道这张牌了"的结论，因为它可能是红桃 A，也可能是方块 A。既然 P 先生说"现在我知道这张牌了"，可见，这张牌不可能是 A。排除 A 之后，这张牌只有三种可能：红桃 Q、红桃 4、方块 5。这样一来范围就很小了。P 先生这一断定，当然把这些信息暗示给了 Q 先生。

得到 P 先生第二次提供的暗示之后，Q 先生作了"我也知道了"的结论。从 Q 先生的结论中，P 先生推知，这张牌一定是方块 5。为什么？P 先生可以用一个非常简单的反证法论证。因为如果不是方块 5，Q 先生是不可能作出"我也知道了"的结论的（因为红桃有两张，仅仅知道花色的 Q 先生，不能确定是红桃 Q 还是红桃 4）。现在 Q 先生做出了"我也知道了"的结论，这张牌当然是方块 5。

325．简单的信息

由（1）甲和乙是邻居,每天一起骑车去上班;

由（4）教师每天步行上班;

可以推出教师不是甲、乙;

由（5）售货员的邻居不是老板;

由（6）老板和工人毕业后就没见过;

可以推出老板也不是甲、乙。

所以,丙、丁是老板和教师,甲、乙是售货员和工人。

再由（2）甲比丙年龄大;

（7）老板比售货员和工人年龄都大。

可推出老板是丁;

所以教师是丙。

由（3）甲和丁业余一同练武术;

（6）老板和工人毕业后就没见过面;

可知,甲是售货员,乙是工人。

所以得出答案：甲是售货员;乙是工人;丙是教师;丁是老板。

326．特征的组合

每个人都恰好有 3 个特点,因此,根据（1）和（2）,亚当具有下列四组特点中的一组。

诙谐、漂亮、强壮

诙谐、漂亮、仁爱

漂亮、强壮、仁爱

强壮、聪明、仁爱

根据（1）和（3）,布拉德具有下列四组特点中的一组。

诙谐、聪明、漂亮

聪明、漂亮、强壮

聪明、漂亮、仁爱

漂亮、强壮、仁爱

根据（1）和（4）,科尔具有下列四组特点中的一组。

漂亮、强壮、聪明

漂亮、强壮、仁爱

强壮、聪明、仁爱

聪明、诙谐、仁爱

根据上面的特点组合并且根据（1）,如果亚当具有仁爱的特点,那么布拉德和科尔都是聪明而又漂亮的,亚当就不能是聪明或漂亮的了。这种情况不可能,因此亚当不具有仁爱的特点。

根据上面的特点组合并且根据（1）,如果布拉德具有仁爱的特点,那么亚当和科尔都是漂亮的,布拉德就不能具有漂亮的特点了。这种情况不可能,因此布拉德不具有仁爱的特点,于是,科尔必定是具有仁爱特点的人了。

我们还可以看出其中一人的全部三个特点,以及另外两个人各有的两个特点。由于科尔是仁爱的,所以亚当是诙谐、漂亮和强壮的;布拉德是既漂亮又聪明的;而科尔不能是漂亮的,所以科尔是既聪明又仁爱的。

327. 死了几条狗

3 条。

假设只有一条病狗,这条病狗的主人观察到其他人的狗都是健康的,所以他马上就能断定是自己的狗生了病,在当天就能开枪杀死它。

假设有两条病狗,主人分别是甲和乙。甲在第一天观察到了乙的病狗,所以他无法判断自己的狗有没有生病。但是等到第二天的时候,甲发现乙没有在第一天开枪,这说明乙和甲一样也在第一天观察到了一条病狗。而甲已经知道除了自己和乙以外,其他人的狗都是健康的,所以乙观察到的病狗肯定是甲自己的那条了,这样,甲在第二天开枪杀死了自己的狗。运用同样的推理过程可知,乙也在第二天杀死了自己的狗。

假设有 3 条病狗,主人分别是甲、乙、丙。甲在第一天观察到了乙和丙的病狗,他按照刚才的推理过程知道,如果只有那两条狗生病,那么乙和丙会在第二天杀死他们自己的狗。乙和丙也是一样的推理过程,所以他们 3 个人在等待另外两人的枪声中度过了第二天。结果第二天没人开枪,他们就知道了另外两人也各自看到了两条生病的狗,也就是自己的狗是生病的,这样,3 个人在第三天开枪杀死了自己的狗。

这个推理过程可以一直延续下去,到最后如果 50 条都是病狗,那么狗的主人们要一直等到第五十天才能确认自己的狗真的生了病。

警察的通知让有病狗这件事成了公共知识,所以才会出现这种情况。

328. 确定哪一天一起营业

先根据题意列出表格,如下表所示,其中:× 代表该天休息,√ 代表该天营业。

单位	第 1 天	第 2 天	第 3 天	第 4 天	第 5 天	第 6 天	第 7 天
百货	×				×		√
超市		×		×			√
银行			×			×	√

现在来判断第 7 天是星期几。

根据 (3),不会连续 3 天营业;根据 (1),每周工作 4 天,可以推出百货在第 2、3、4 天中一定有一天休息;超市第 6 天休息;银行第 1、2 天一定有一天休息,其他时间都是营业的。

可得下表。

单位	第 1 天	第 2 天	第 3 天	第 4 天	第 5 天	第 6 天	第 7 天
百货	×				×	√	√
超市	√	×	√	×	√	×	√
银行			×	√	√	×	√

第 1 天到第 6 天中，有一天是星期天。

由表可知，星期天只可能在第 2 天。

所以第 7 天是星期五。也就是说，星期五 3 家单位一起营业。

329．谁养鱼

首先确定以下内容。

房子颜色：红、黄、绿、白、蓝→ Color 1、2、3、4、5。

国籍：英、瑞、丹、挪、德→ Nationality 1、2、3、4、5。

饮料：茶、咖啡、牛奶、啤酒、开水→ Drink 1、2、3、4、5。

烟：PM、DH、BM、PR、混合烟→ Tobacco 1、2、3、4、5。

宠物：狗、鸟、马、猫、鱼→ Pet 1、2、3、4、5。

则有：

由（9）可推导出 N1= 挪威；由（14）可推导出 C2= 蓝；由（4）可推导出如 C3= 绿，C4= 白。则（8）和（5）矛盾，所以 C4= 绿，C5= 白。剩下的红黄只能为 C1、C3。

由（1）可推导出 C3= 红，N3= 英国，C1= 黄；由（8）可推导出 D3= 牛奶；由（5）可推导出 D4= 咖啡；由（7）可推导出 T1=DH；由（11）可推导出 P2= 马。

那么，可得下表。

挪威	?	英国	?	?
黄	蓝	红	绿	白
?	?	牛奶	咖啡	?
DH	?	?	?	?
?	马	?	?	?

由（12）可推导出啤酒只能为 D2 或 D5，BM 只能为 T2 或 T5，再推导出 D1= 开水。

由（3）可推导出茶只能为 D2 或 D5，丹麦只能为 N2 或 N5。

由（15）可推导出 T2= 混合烟，再推导出 BM=T5。

所以由啤酒 =D5 和茶 =T2 可以推导出丹麦 =D2。

然后可得下表。

挪威	丹麦	英国	?	?
黄	蓝	红	绿	白
开水	茶	牛奶	咖啡	啤酒
DH	混合烟	?	?	BM
?	马	?	?	?

由（13）可推导出德国 =N4，PR=T4；所以，瑞典 =N5，PM=T3。

由（2）可推导出狗 =P5，由（6）可推导出鸟 =P3，由（10）可推导出猫 =P1。

因此可得到下表。

挪威	丹麦	英国	德国	瑞典
黄	蓝	红	绿	白
开水	茶	牛奶	咖啡	啤酒
DH	混合烟	PM	PR	BM
猫	马	鸟	?	狗

所以,最后剩下的鱼只能由德国人养了。

参 考 文 献

[1] 刘晓菲. 世界经典推理游戏大全集 [M]. 北京：中国华侨出版社，2011.

[2] 张祥斌. 500 个侦探推理游戏 [M]. 长春：吉林科学技术出版社，2013.

[3] 于海娣. 逻辑思维训练 1200 题 [M]. 北京：华文出版社，2010.

[4] 黎娜. 哈佛给学生做的 1500 个思维游戏 [M]. 北京：华文出版社，2009.

[5] 黎娜，于海娣. 全世界优等生都在做的 2000 个思维游戏 [M]. 北京：华文出版社，2010.